KB271587

네 안의
부자본능을
깨워라

네 안의 부자본능_을 깨워라

| 백승헌 지음 |

HOW TO GET RICH

청림출판

한 그루의 나무가 모여 푸른 숲을 이루듯이
청림의 책들은 삶을 풍요롭게 합니다.

부자는 구애해 볼 가치가 있는 중요한 인물들이다.

그들은 존경받을 자격이 있고 또 복종을 요구한다. 그들은 승리자들이다. 개인의 사회적 서열을 매기는 중요한 척도였던 부는 시간이 흐르면서 개인의 가치를 재는 거의 유일한 척도가 되었다. 부는 자신의 근성을 입증하고 싶어 하는 사람이 달려들 만한 유일한 게임이다. 부는 큰 시합이다. 그곳에서 시합을 하지 못하는 사람은 이류로 정의된다.

— 레스터 C. 서로우, 《지식의 지배》 —

1. 숫자를 좋아하는가?

   1) 싫어한다. 2) 보통이다. 3) 좋아한다. 4) 관심이 있다.

2. 목표를 정할 때 숫자를 떠올리는가?

   1) 목표가 없다. 2) 상상만 한다. 3) 숫자를 떠올린다. 4) 목표만 생각한다.

3. 아침 기상 시간은 정해져 있는가?

   1) 불규칙하다. 2) 컨디션에 따라 다르다. 3) 정확히 정해져 있다. 4) 대략 정해져 있다.

4. 사물에 대해 숫자의 의미를 부여하는가?

   1) 관심이 없다. 2) 생각날 때만. 3) 반드시 숫자로 생각한다. 4) 필요할 경우엔 반드시.

5. 자신의 핵심적 인맥 관리 리스트에 몇 명이 올라와 있는지 아는가?

   1) 모른다. 2) 대략은 안다. 3) 정확한 숫자를 안다. 4) 리스트는 작성한다.

6. 총자산에서 부채가 차지하는 비율을 알고 있는가?

   1) 모른다. 2) 총자산은 안다. 3) 비율을 알고 있다. 4) 총자산과 부채의 액수는 안다.

7. 연소득에서 저축, 투자의 금액을 알고 있는가?

   1) 모른다. 2) 대략 안다. 3) 전부 다 안다. 4) 저축금액만 알고 있다.

8. 1년에 10권 이상 책을 읽을 경우, 정확히 몇 권을 읽는지 알고 있는가?

   1) 모른다. 2) 10권 미만을 읽는다. 3) 정확히 알고 있다. 4) 대략 안다.

9. 재무회계에 대한 지식과 상식이 있는가?

   1) 모른다. 2) 상식은 있다. 3) 잘 알고 있다. 4) 상식과 지식을 어느 정도 알고 있다.

10. 주식과 채권에 투자를 하거나 잘 알고 있는가?

   1) 모른다. 2) 조금 안다. 3) 투자를 하고 있고 잘 안다. 4) 투자는 하지만 잘 모른다.

11. 저축에 대해 구체적으로 계획한 목표 금액이 있는가?

   1) 없다. 2) 목표 금액 없이 저축을 한다. 3) 목표 금액이 있다. 4) 저축을 열심히 한다.

12. 매월 지출액과 지출 용도에 대해서 정확히 알고 있는가?

    1) 모른다. 2) 지출액만 대략 안다. 3) 정확히 안다. 4) 지출액은 확실히 안다.

13. 시간 약속을 정확히 지키는가?

    1) 매번 늦는다. 2) 늦을 때도 있다. 3) 5분 전에 약속장소에 도착한다. 4) 잘 지키는 편이다.

14. 1주일에 목표 운동량이 있고 운동시간이 얼마인지 알고 있는가?

    1) 관심이 없다. 2) 가끔 운동은 한다. 3) 운동량과 시간을 안다. 4) 운동시간만 안다.

15. 신용카드의 결재액과 사용처를 확인하고 기록하는가?

    1) 하지 않는다. 2) 결재액만 확인한다. 3) 모두 확인하고 기록한다. 4) 확인만 한다.

16. 지갑에 든 돈의 액수를 항상 정확히 아는가?

    1) 모른다. 2) 1만 원권 이상의 액수만 안다. 3) 정확히 안다. 4) 5천 원권 이상의 액수만 안다.

17. 해마다 올리는 투자수익률과 수익금을 아는가?

    1) 모른다. 2) 대략 안다. 3) 정확히 안다. 4) 수익금은 알지만 수익률은 모른다.

18. 일의 성과를 측정하고 기록하는가?

    1) 하지 않는다. 2) 대략 한다. 3) 정확하게 한다. 4) 성과 측정만 한다.

19. 5년 후의 계획과 전략을 세웠는가?

    1) 세우지 않았다. 2) 대략 생각만 한다. 3) 정확히 세웠다. 4) 계획만 있다.

20. 건강에 대한 진단 수치와 관리 노하우가 있는가?

    1) 없다. 2) 대략 짐작한다. 3) 정확히 있다. 4) 진단 수치는 알지만 관리 노하우는 없다.

채점방법

1) – 2점, 2) – 3점, 3) – 5점, 4) – 4점

- 90점 이상– 숫자감각이 발달되어 있고 자기계발과 재테크를 잘하고 있다.
- 80점 미만– 숫자에 대해서는 알고 있으나 감각이 떨어지며 분발해야 한다.
- 60점 미만– 숫자와 감각이 모두 떨어지나 교육을 통해서 발전할 가능성이 있다.
- 40점 미만– 숫자와 감각에 대해 새롭게 교육을 받고 전문적인 훈련을 받아야 한다.

부자가 되는 핵심 코드는 무엇인가?

부자가 되고 싶지 않은 사람은 없다. 그렇다면 피부로 느끼며 활용할 수 있는 부자가 되는 비법은 무엇일까?

나는 그 비법을 찾기 위해 20년 전부터 성공학 관련 서적과 부자에 관한 수많은 책들을 섭렵했다. 이를 통해 부자의 마인드 컨트롤, 습관, 구체적인 방법론을 발견할 수 있었다. 하지만 뭔가 중요한 것이 빠져 있다는 느낌이 들었다.

이가 빠진 동그라미처럼 채워지지 않는 것, 그것은 바로 숫자감각이었다. 부의 성취에 접근하는 기초와 상식으로서 숫자감각은 부자 경영학의 핵심인데도 지금까지 한번도 이론적 체계를 갖춘 적이 없다.

숫자감각은 세계 인구의 0.1퍼센트만 제대로 알고 있으며 우리나라 인구의 1퍼센트만 알고 있는 비법이다. 하지만 누구에게나 본능으로 잠재된 감각이며 훈련을 통해 이를 끌어내면 누구나 부자가 될 수 있다. 그것은 숫자의 질서와 감각의 트렌드가 결합된 것으로 부자가 되는 방법 중 가장 확실하게 검증된 것이다. 숫자개념은 경제와 경영의 세계를 구성하는 형식이며 규칙이기 때문이다.

숫자감각이 부의 비법이라는 사실은 실제 부자를 만나 인터뷰하고 수많은 경제·경영서, 성공학 서적을 통해 연구하면서 찾아낸 결과이다. 자료를 수집, 분석하여 부의 핵심 코드가 숫자감각임을 밝혀냈다.

사실 이런 연구는 나의 경험에서 시작되었다. 나는 대학생이었던 26세 때 주식투자를 시작했는데 28세에 주가 대폭락과 함께 4,000만 원의 빚더미에 앉게 되었다. 당시 가치로 그 돈의 숫자는 가히 천문학적인 수치였으며 돌이킬 수 없는 추락이었다. 그 경험은 고통스러웠지만 동시에 값진 교훈을 주었다. 가난의 처절한 고통을 학습하고 부의 근원을 탐구하는 동기를 부여해 주었다. 그 시절의 화두는 "도대체 무엇이 부와 가난의 경계선을 갈라놓는가?"였다. 그에 대한 해답을 구하는 과정에서 숫자감각에 대한 연구가 시작되었다. 그 후 오랜 세월이 흐르는 동안 다듬어지면서 숫자감각에 대한 연구는 실제적인 부자 경영학으로 정립되었다.

숫자감각은 일반적인 산수나 수학의 개념을 포함하지만 동일한 것은 아니다. 부를 컨트롤하는 숫자와 부를 창출하는 감각이 결합된 개념이다. 우뇌의 상상력과 좌뇌의 수리력을 결합한 것으로 전략과 마케팅을 비롯한 부의 로드맵이다. 또한 숫자감각은 부를 창출하는 검증된 방법으로 부자 경영학을 실천하여 마침내 부자가 되도록 해준다. 유대인과 중국인의 상술, 스위스의 투자기술과 은행 경영, 그리고 미국 월 스트리트맨에게서도 숫자감각을 발견할 수 있었다.

스위스는 바다와 떨어져 있고 천연자원도 거의 없으며 산악지대여서 농경에도 적합하지 않은 환경을 가지고 있다. 그럼에도 그들은 시계와 같은 고도정밀산업과 투자기술로 최고의 국민소득을 올리는 부강한 국가를 이룩했다. 그 부의 근원에는 세계적인 은행 경영과 매우 치밀한 숫자감각으로 높여낸 제품 완성도가 있다.

우리나라의 경우는 어떨까? 부자 경영학을 연구하면서 우리나라의 많은 부자들을 대상으로 인터뷰를 했다. 그 결과 대단히 명쾌하게도 부자의 핵심 코드는 5단계로 나타났다.

1단계 리치에너지(부자에너지), 2단계 리치마인드(부자정신), 3단계 리치액션(부자행동), 4단계 리치컨트롤(숫자감각), 5단계 리치마스터(부자전문가)로 전개되었다. 그중 4단계인 숫자감각의 유·무가 부의 척도를 가늠하는 키포인트였다.

이 책은 숫자감각이 어떻게 부를 창출하는지에 대해 설명하고 숫자감각으로 부를 축적할 수 있는 방법을 합리적으로 전달해 부자가 되는 길을 제시한다. 이 책을 통해 숫자감각의 중요성을 깨닫고 숫자감각을 익혀 부자 경영학에 관심이 있는 많은 분들이 모두 부자가 되기를 진심으로 소망한다.

백 승 헌

CONTENTS

1장 부자되는 첫걸음, 숫자와 감각을 지배하라

2장 부자의 남다른 부 축적 시스템

부자되는 첫걸음, 숫자와 감각을 지배하라

HOW TO GET RICH

숫자, 감각적으로 사용하라

흔히들 "장사를 하려면 상술에 밝아야 한다", "이재(理財)에 밝아야 부자로 산다"고 말한다.

그런데 상술이나 이재가 뜻하는 것은 무엇일까? 쉽게 대답할 수 없을 것이다. 누구나 알고 있는데도 적시적소에 활용할 수 없는 원리이기 때문이다. 그것은 바로 숫자의 감각이다.

숫자는 공기나 물처럼 삶 속에 늘 존재한다. 하지만 숫자의 실제적인 활용법을 익히고 감각을 발휘하는 것은 쉽지 않다. 숫자의 중요성을 익히 알고 있으면서도 그 감각적 활용법은 모르기 때문이다.

사업의 실패를 겪은 사람들은 "앞으로 남고 뒤로는 손해 본다"는 말의 뜻을 잘 안다. 하지만 숫자감각의 중요성은 파악하지 못하는 경우가 많다. 사업에 있어 시간과 자금, 수요와 공급의 법칙들이 모두 숫자의 질서와 감각의 균형을 중심으로 운영되는데 그 원리를 잘 알지 못해 실패와 좌절을 겪는다.

건설업으로 큰 성공을 거둔 건설사 사장은 "사업에 성공하려면 기본적으로 숫자에 밝아야 하고 그 숫자에 대한 운영과 감각이 살아 있어야 합니다. 숫자를 훤히 꿰고 있으면서 동시에 감각적으로 아이템을 창출해야 경영을 잘할 수 있습니다"라고 말한다.

숫자감각의 중요성을 누구보다도 잘 알고 있는 그는 "대개 사업에 어두운 사람들은 숫자와 감각의 균형을 잡지 못합니다. 숫자상으로 이익에 대한 기대치 계산은 잘하지만 고정비를 비롯한 지출은 냉정하게 계산하지 못합니다. 이익기대치만 보면 분명히 되는 사업 같지만 사업이 실패하는 원인은 뜻대로 되지 않을 때도 고정비를 비롯해 지출을 계속해야 하기 때문이죠. 숫자를 컨트롤하지 못하면 감각을 발휘하기 힘듭니다"라고 말했다.

무일푼으로 서울에 상경하여 국내 굴지의 건설업체를 일궈낸 그는 숫자감각이 부의 기본적인 원리라는 말에 공감했다.

"저는 대충이나 근사치라는 말을 싫어합니다. 정확한 숫자를 기억하고 그것을 토대로 감각적인 아이템을 창출합니다. 행운은 결코 우연이 아닙니다. 우리가 키워낸 태도와 습관이 숫자로 측정되고 열심히 살았다는 느낌에 가슴이 뿌듯해질 때 비로소 얻을 수 있습니다."

경영의 내실을 다지기 위해 어떤 일이 있어도 귀가시간은 11시 이내로 정하고 아침 5시에 기상하면서 일주일에 5일, 70시간을 일에 쏟아부은 그다운 말이었다. 이런 철저한 숫자감각을 바탕으로 그는 연간 1조 원의 매출을 올리는 거대 기업의 경영자로 성공할 수 있었다.

숫자감각은 단순히 숫자에만 밝은 상태를 의미하는 것이 아니다. 숫자에 감각이 따라주어야 트렌드를 읽고 미래를 예측하여 성과를 높이는 경영을 할 수 있다. 숫자감각은 부자 경영학의 핵심 원리로 숫자와 감각이 동시에 작용하여 부가창출을 할 수 있는 역동적이며 창의적인 의식이다.

인간의 모든 영역, 숫자감각이 좌우한다

숫자감각은 모든 영역을 관장하는 의식으로 문자언어보다 훨씬 명확하게 사물과 인간의 관계를 설정한다. 숫자를 현실적으로 명쾌하게 활용하여 동시에 감각이 살아나게 하는 것이 바로 숫자감각이다.

실제 경영 현장에서 숫자감각은 재테크의 핵심 능력이다. 빌게이츠, 잭 웰치, 손정의 등 세계적인 부자와 CEO들은 대부분 숫자감각이 뛰어나다. 미국 월 스트리트맨들 또한 숫자감각이 뛰어나다. 2005년에 연봉 15억 달러(1조 4,300억 원)를 벌어들인 세계 1위 펀드매니저 제임스 사이먼스를 보면 그 사실이 여실히 증명된다.

세계 최고 펀드매니저 제임스 사이먼스는 미국의 명문 MIT, 하버드대학에서 수학과 교수로 재직했던 경력을 지녔다. 그는 말 그대로 수학적 원리에 입각한 투자로 재테크에 성공한 인물이다. 그는 수학적 기법에 대한 확신으로 첨단 금융공학을 동원하여 메달리온 펀드를 운영하면서 15년간 평균 수익 38퍼센트를 거두었다. 숫자감각의 위력이 여실히 나타난 것이다.

숫자를 통한 경영은 단순히 숫자에 밝아서 계산을 잘하는 것에 그치지 않는다. 상상과 미래 전망을 냉철하게 숫자로 예측하고 감각적 직관으로 현명한 결정을 내려야 한다. 숫자감각을 키우고 생활화하는 것 자체가 재테크의 핵심 코드이며 부자가 되는 지름길이다.

숫자는 기본적으로 문자와는 다른 정보를 표현하고 나타낸다. 문자언어는 아무리 정밀하고 구체적으로 표현한다고 해도 어림잡은 표현일 뿐이다. 예를 들어 다음과 같은 대화를 생각해 보자.

"시장에서 엄청나게 큰 잉어를 보았어."

"얼마나 큰 잉어야?"

"어른 팔뚝만 해."

"키 큰 어른? 키 작은 어른?"

아마 상상할 수는 있지만 정확하게 가늠하기는 어려울 것이다. 이 말은 어린 아이가 했을 때와 어른이 했을 때 혹은 청년이 했을 때, 노인이 했을 때 각각 전혀 다른 기준치가 설정되기 때문이다. 하지만 숫자언어로 그 크기를 표현하면 누가 말했거나 상관이 없다.

"길이가 120센티미터에 무게가 10킬로그램 나가는 거야."

이렇게 숫자로 표현하면

정확하게 의미 전달이 되는 것은 물론이고 매우 구체적인 정보를 알 수 있다. 그런데도 많은 사람들이 구체적인 숫자언어의 중요성을 간과한다. 단순히 숫자를 싫어해서 실제 생활에서 숫자를 생략하는 경우가 많기 때문이다.

숫자감각의 의미는 부자 경영학의 관점에서 인식해야 한다. 이재에 밝으면 부자가 된다는 것은 숫자를 지배해야 부자가 된다는 원리와 일맥상통한다. 또한 숫자감각의 핵심은 숫자지식의 감각적 활용이다. 그것은 모든 수치와 지표, 계산에서 숫자를 통해 사고하는 것은 물론 숫자로 행동하며 독특한 감각을 개발하여 미래를 예측할 수 있는 능력이다.

꿈을 이루어주는 숫자감각

부자나 뛰어난 CEO들은 대개 숫자감각이 뛰어나다. 숫자감각은 경영학의 필수 요소인 전략, 성과 달성, 미래 예측에 절대적인 영향을 미치기 때문이다. 숫자를 떠나서는 경영의 어떤 영역도 제대로 파악할 수 없다. 재무회계를 비롯하여 마케팅에 이르기까지 전 분야에서 숫자와 감각이 필요하다고 해도 과언이 아니다.

무역업으로 크게 성공한 고교 동창에게 숫자감각에 대해 물어보았다. 그때 그는 "나는 학창시절에 수학을 최고로 싫어했어. 그런데 첫발을 내디딘 직장에서 경리부에 근무하게 됐지. 숫자를 싫어했지만 맡은 업무가 그러니 어쩌겠나? 뒤늦게 회계를 열심히 공부하여 나중에는 숫자에 밝게 되었지. 그랬더니 신기하게도 감각도 함께 발달하더군"이라고 대답했다.

숫자에 밝아졌는데 왜 감각이 발달했다고 생각하는지 다시 물어보자 그는 너털웃음을 지으며 말했다.

"숫자를 알게 되면서 전체적인 흐름을 알게 되고 트렌드에 대한 관심이 생기더군. 자연히 감각적인 활용력도 높아졌지. 그건 전쟁에서 숫자를 감각적으로 활용하는 일이 많은 것과 같은 이치라고 생각하네. 수적인 열세에 놓일 때의 작전 감각과 절대적으로 많은 수의 군대를 거느린 장군이 취하는 작전 감각은 다르지 않은가? 그러니 먼저 숫자를 염두에 두고 작전을 짠 뒤에 감각적으로 활용을 하게 되는 거지."

그는 숫자와 감각의 관계를 잘 알고 있었다. 그 결과 회계에 관해 전문가 수준으로 올라섰으며 숫자에 밝아지면서 아이템을 감각적으로 활용해 큰 부를 축적할 수 있었다고 한다.

"숫자는 이상과 현실 사이의 괴리를 좁혀준다고 생각해. 생각이나 말이 숫자와 무관해지면 현실적으로 오판할 여지가 많아진다네. 무역은 특히 숫자전쟁이야. 원가의 숫자를 줄일수록 많은 이문이 남지 않겠나? 숫자전쟁에서 승리하면 부를 얻을 수 있지만 숫자를 모르거나 숫자에서 밀려나면 당연히 실패할 수밖에 없지. 그리고 숫자에 밝아지면 감각이 살아나기도 하지만 사실은 감각이 살아나야 숫자가 살아난다는 것을 나중에야 알았네. 숫자에 익숙해지면 감각이 활성화되면서 자연스럽게 숫자의 질서를 이해하게 되지. 그렇게 되면 숫자와 감각이 결합되어 예리하고 정확한 판단을 할 수 있다네."

부자나 뛰어난 CEO들은 예외 없이 숫자감각이 발달했다. 그들 중에는 학창시절에 수학을 싫어한 사람도 있었지만 재무회계에 관한 한 나름대로 일가견이 있었다.

기본적으로 숫자감각은 문자언어와 숫자언어의 균형을 잡아주고 서로의 언어적 편차를 최소화하면서 관리할 수 있는 시스템을 만들어낸다. 숫자로 생각하고 행동하는 것은 부자를 만드는 핵심 요소로서 부자 경영학의 기본 기술이고 노하우이다.

숫자와 감각의 조화가 부를 결정짓는다

"전자계산기를 두드리는 손이 안 보입니다."

경리부에 근무하는 직원이 사장의 계산 능력을 설명하면서 한 말이다.

"전자계산기를 두드리는 손은 어쩌다 가끔씩 작은 숫자 하나가 잘못됐다는 것을 지적하기 위해서 보여주는 시범일 뿐입니다. 우리 사장님은 숫자에 대한 감각이 탁월하십니다. 잘못된 숫자를 찾아내는 실력이 가히 입신의 경지입니다. 놀라울 따름이죠."

의류 제조업으로 크게 성공한 그 회사 사장의 계산 능력은 주변에서도 다 알 정도이다. 그는 학교 다닐 때부터 수학을 뛰어나게 잘했고 업무 추진도 정확하기로 정평이 나 있다. 그는 언제나 전자계산기를 가지고 다닌다. 생각을 할 때도 계산을 하면서 하고 무엇을 하든,

어디를 가든 나침반처럼 계산기를 활용한다. 부를 얻는 비결을 묻자 그는 단호하게 말했다.

"숫자에 밝아야 하고, 숫자의 관계 속에서 감각이 발달해야 직관력이 살아납니다. 부는 투자를 통해서 이루어집니다. 그러자면 감각이 살아 있어야 하는데, 감각을 살리려면 숫자에 훤해야 하고 숫자를 조절할 수 있어야 선택과 결단을 잘할 수 있습니다. 숫자와 감각 없이 주먹구구식으로 추정만 하다간 실패하고 맙니다."

그가 말하는 직관력은 숫자와 감각이 무의식적으로 결합되어 순간적으로 상황을 판단하는 능력이다. 어떤 징조나 기미는 일상에서의 무수한 반복을 통해 독특한 모습으로 나타나는데 정확하게 보면 통계 수치와 다른 어떤 현상을 의미하기 때문에 직관은 숫자와 감각이 결합된 육감이라고 할 수 있다. 숫자로 생각하고 느끼는 것이 바로 직관이라는 것이다.

그는 부자가 되는 길은 투자에 있고 투자는 숫자와 직관을 통해서 이루어진다고 했다. 제조업 외에 부동산, 주식, 채권, 펀드 등에도 투자한 그는 대부분의 투자에서 수익률이 20퍼센트를 상회한 정도로 성공했다.

사업가, 전문직 종사자, 대기업 임원진을 대상으로 숫자감각과 부의 관계에 대해 질문을 던져보았다. 80퍼센트 이상이 숫자감각과 부의 관계를 인정했고, 숫자감각을 부의 필수 조건으로 꼽았다.

보통 사람 혹은 가난한 사람들은 20퍼센트 이하만 그 관계를 인정했다. 그 외에는 숫자감각이 부를 결정한다는 명제에 거부감을 가지거나 관심을 보이지 않았다. 또한 그들은 자신의 삶 속에서 숫자감각을 적용하지 못하고 있다고 인정했다.

숫자감각은 실제로 부를 창조한다. 숫자언어에 능숙하면 냉철하게 사물을 측정할 수 있으며 숫자를 어떻게 활용해야 하는지 알게 된다. 그렇게 되면 돈이나 시간, 업무 성과, 목표를 조절할 수 있게 되고 사업적인 감각이 살아나 자연히 부를 축적할 수 있다. 개인뿐만 아니라 기업에서도 모든 숫자가 자연스럽게 조절되고, 감각이 번뜩이면 번영을 누릴 수 있다.

히딩크식 숫자 관리

대부분의 사람들은 숫자로 예측하기보다는 감각적 판단으로 결정을 내린다. 하지만 어떤 결정을 내릴 때 자신의 감정이 선호하는 방향으로만 간다면 정확성은 그만큼 떨어진다.

히딩크 감독은 숫자감각에 있어서 가히 달인의 경지에 오른 사람이다. 2002년 월드컵 4강 신화를 일구어낸 그의 숫자 관리는 매우 탁월했다. 그는 훈련과 실전에서의 평가 기준을 철저하게 수치화했고 작전까지 정확하게 숫자와 감각을 결합시켜 수행했다. 히딩크의 평

가 시스템은 숫자 관리와 감각의 결정판이었다.

　그는 선수 개개인의 특성과 기량, 장·단점을 치밀하게 파악하며 지속적으로 피드백해 주었다. 선수들의 출장시간, 슈팅과 패스 미스 횟수, 교체시간 등 모든 데이터를 과학적으로 수치화해서 관리했다. 기초체력은 첨단기계와 의료장비를 이용하여 스피드, 파워, 지구력으로 세분하여 측정했다. 정신력도 동기부여, 투지, 도전정신, 책임감 등으로 세분화하여 측정했으며 선수 개인별 체력지수, 컨디션지수 등을 주기별로 체크하였다. 매우 객관적이며 과학적인 방법으로 선수의 역량을 측정함으로써 평가 결과에 대한 선수들의 만족도와 신뢰도를 높이는 데도 세심한 주의를 기울였다.

　히딩크의 숫자 관리는 여기에서 그치지 않았다. 그의 숫자 중심 전략 평가 시스템은 간단명료하면서도 목표를 시향했다. 평가를 잘 받기 위해서 각자가 노력하면 자연스럽게 조직 전체의 발전을 가져오는 선순환 사이클을 그리도록 설계되었다. 구체적으로 목표와 비전,

전략과 평가 시스템이 서로 연계되어서 선수들이 조직 내에서 제 기능을 할 수 있도록 했다는 데 그 우수성이 있었다. 그러한 과정을 통해 히딩크는 선수 개개인이 지닌 베스트 컨디션을 찾아냈고 심지어 바이오리듬까지 체크해 적정 시기에 감각적으로 선수를 투입하는 용병술을 구사했다.

2002년 한국의 4강 신화에 이어 2006년 독일 월드컵에서 사상 첫 출전한 호주를 16강에 진출시킨 그의 저력은 바로 숫자감각이었다. 그의 뛰어난 용병술은 감각적 판단으로만 결정내리는 것이 아니었다. 냉철하게 수치화된 데이터를 보고 선수들의 컨디션과 훈련 상황을 통제했다. 선수들의 규칙적인 리듬을 고려하여 축구의 전술은 물론이고 모든 과정을 수치화해서 과학적으로 능력을 배가시켰다.

축구의 경영학이 이 정도인데 부자 경영학에서 숫자감각의 위력은 말할 것도 없다. 부자 경영학에 있어서도 숫자 관리 시스템을 도입하고 구조화하는 것이 핵심이다. 숫자감각으로 정확하게 숫자를 조절하고 감각적으로 비전과 가치, 순환의 패턴을 파악하여 높은 성과를 이루는 경영을 하면 부자가 되는 것은 너무나 당연하다.

숫자와 감각의 조화가 성공의 지름길

아무리 뛰어난 아이템이 있다고 해도 숫자를 활용하지 않으면 실효성이 떨어진다. 숫자가 바탕이 되지 않으면 철저하게 관리할 수 없다. 하지만 숫자만으로는 부를 창출하기 힘들다.

"늘 불확실한 상황을 접해야 하고 시시각각 변하는 추세와 관련된 문제를 다룰 때, 숫자로 나타난 데이터만으로는 판단할 수가 없습니다. 그럴 때에는 감각을 발휘하여 관찰과 본능에 의존한 결정을 내릴 수밖에 없습니다."

유명 브랜드 스포츠의류 제조업체의 I사장은 자타가 공인하는 마케팅 전문가이다. 그러나 그런 그도 몇 번의 뼈아픈 실패를 경험했다.

"수치상으로 보면 틀림없이 스포츠의류 판매가 잘될 것 같았는데 막상 시장에서는 먹히지 않았어요. 마케팅에 쏟아부은 자금도 만만치 않았고 업계에선 낙관론이 지배적이었습니다. 샘플 상품이 나왔을 때의 반응도 좋았거든요."

그는 실패의 원인이 감각이었다고 말했다.

"감각은 정확하게 수치화할 수 없습니다. 아이템 창출이 어디 숫자에서 나오겠어요. 숫자와 감각이 결합되어야 제대로 된 성과를 거둘 수 있다는 것을 그때 알았습니다."

그는 1년여의 짧은 시간 동안 막대한 손실을 보았지만 다음 해에는 숫자와 감각을 절묘하게 조화시킨 상품을 내놓아 히트시켰다.

숫자의 수리학에 감각이라는 아이템이 동시에 작용을 해야 힘을 발휘할 수 있다. 예를 들면 무에서 유를 창조하는 재일교포 사업가 손정의는 회의 때 꼭 "이 부분은 왜 이런 수치가 나옵니까?"라고 질문을 던진다고 한다.

그는 숫자에 관한 한 사소한 오차도 그냥 넘어가지 않았다. 조금이라도 적자가 나면 끊임없이 질문을 쏟아부었고, 1엔이라도 흑자를 내는 것에 누구보다 집착하면서도 풍부한 아이디어, 감각으로 일본

제일의 부자가 되었다. 그는 대담한 성격을 지닌 동시에 세세한 숫자를 따지는 섬세하고 독창적인 감각을 지니고 있었고 그 2가지를 잘 조화시켜 성공했다.

그런데 숫자감각에 관해서 명심해야 할 것이 있다. 감각의 세계가 선행하고 숫자의 세계가 뒷받침이 되어야 한다는 점이다. 숫자와 감각이 따로 존재하는 것이 아니라 동시에 공존해야 부를 지배할 수 있다.

그러나 숫자에 어두운 사람은 그 반대로 실행해야 한다. 먼저 숫자에 대한 개념을 확실히 한 후에 감각을 발휘해야 한다. 숫자에 어두운 사람은 대개 "나는 숫자에 어둡습니다. 복잡한 숫자는 딱 질색입니다"라고 말한다. 하지만 그 말은 감각적 체계가 없음을 의미하는 것이다. 숫자에 어두운 사람은 감각도 질서가 없고 허황된 경우가 많다. 감각적 아이디어는 숫자의 질서와 구체성을 통해 실현성이 나타난다. 평소에 감각적 아이디어를 떠올리는 것도 좋지만 먼저 숫자의 원리가 바탕이 될 때에 의미를 지닐 수 있다.

목표를 세우고 숫자를 관리하라

공자가 제자인 자공에게 물었다.

"자공아, 너는 내가 많이 배워서 그것들을 모두 기억하고 있는 사람이라고 생각하느냐?"

"그러하옵니다. 스승님, 그렇지 않사옵니까?"

"그렇지 않느니라. 나는 하나로서 모든 것을 꿰뚫고 있느니라."

공자가 자공에게 말한 '하나로서 모든 것을 꿰뚫고 있는 것'이 원리이다.

경영에도 하나로서 모든 것을 꿰뚫고 있는 원리가 있는데, 그것이 바로 숫자의 관리이다. 즉 숫자 관리는 경영의 기본이다. 삼성그룹 제일모직의 경리과 출신 직원들이 승진을 거듭하여 삼성물산의 핵심 집단이 되었다는 것은 널리 알려진 일화이고 경리과 출신의 CEO

가 많다는 것도 그러한 사실을 입증한다.

한 대기업 회장이 경영과 숫자의 관리에 대해 이렇게 말했다.

"기업에는 경리과 출신이나 수리에 밝은 사람이 많아야 경영이 원활해집니다. 그런 사람들이 경영지표를 잘 읽어내고 사업현황을 잘 분석하기 때문이지요."

그는 숫자감각에 대해 큰 공감을 나타냈다.

"숫자감각은 숫자에만 빠질 수 있는 한계를 극복할 수 있습니다. 세상의 모든 일이 다 그렇듯 지나치면 모자란 것보다 못합니다. 단순히 숫자에 빠지면 방어 자세를 취하게 되고 진취성이 사라지며 발전하지 못합니다. 숫자에 집착하는 순간에 창의력, 진취성이 떨어집니다. 기업 경영에서 숫자의 관리에 치중하는 직원이 많아지면 관리형 회사가 되고 현실에 안주하게 됩니다. 그런데 숫자와 감각이 균형을 이룬다면 그야말로 금상첨화입니다."

그는 자신의 기업 경영 경험을 들려주며 이렇게 말했다.

"숫자에 밝지 못하면 고위직에 오를 수 없습니다. 인사 결정을 내릴 때 그 사람이 가진 숫자 관리 능력을 꼭 봐야 합니다. 숫자의 관리를 잘하는 사람, 즉 시간 약속을 철저하게 지키고 목표를 정해서 성과를 올리며, 업무 측정을 잘하고 실수가 적은 사람이 유능한 사원입니다."

사실 경영의 기본은 숫자의 관리이다. 숫자는 단순히 수의 배열이 아니고 우주의 질서와 사회의 시스템에 절대적인 영향을 미치는 조건이다. 그렇기 때문에 숫자감각을 정확히 파악하는 것은 미래를 읽을 수 있는 기준이며 경영학의 핵심 비결이다.

숫자경영으로 숫자의 횡포를 막아라

감각경영과 숫자경영은 분명히 다르다. 창업자의 관점에서는 감각경영이 중요하지만 전문경영자의 관점에서는 절대적으로 숫자경영을 해야 한다. 이는 토끼와 거북이의 경주와 비슷한 면이 있다. 감각은 토끼처럼 빨라서 금방이라도 승리할 것 같지만 결국 승리하는 것은 숫자경영이다. 숫자의 질서는 거북이처럼 한걸음 한걸음 착실하게 쉬지 않고 앞으로 나아가므로 실효성이 높기 때문이다.

한 전자 자동제어장치 회사 창업주의 사례를 보면 그 사실을 잘 알 수 있다. 그는 숫자 데이터보다 감각을 중시하는 감각경영을 했다. 그의 감각은 매우 탁월했고 업계의 부러움을 살 만큼 발전을 거듭하여 어느 정도 외형을 이루었다. 그러나 숫자를 등한시한 결과 감각이 지닌 장점에도 불구하고 숫자의 엄청난 횡포가 일어났다. 외형적으로는 잘되는 것 같았지만 실제로는 적자가 누적되었고 결국 견디다 못해 700억 원 정도 규모의 3차 부도가 났다.

그는 평소 경영에 대해 "사업은 죽느냐, 사느냐이다"라고 말하며 감각경영을 표방했다. 하지만 3차 부도가 나자 결국 자기 스스로 목숨을 끊고 말았다. 채권단이 구성되어 회사의 진로에 대해 논의할 때 그의 아들이 경영 정상화의 의지를 갖고 경영하겠다고 했다. 명문대 MBA 출신인 그는 숫자경영을 시작했다. 먼저 채권단과의 협상에서 부채에 대한 이율을 세시하고, 채권을 절감하는 경영 정상화 방안을 제시했다. 그리고 원자재 구매를 비롯한 생산, 제품, 마케팅, 인력 등의 현황을 모두 숫자로 도표화하는 등 숫자경영을 구현했다. 각 영역의 담당 직원들이 현황을 숫자로 도표화하지 못하면 과감히 해고했으며 회사가 은행에 법정관리로 들어가면서 수입원 확보를 위해 최대한 노력했다.

수입을 낼 수 있는 것이라면 무엇이든 활용했다. 빈 공간은 창고로 임대했고, 원자재비를 줄이기 위해 생산단가에 비해 수익성이 떨어지면 과감히 다른 제품으로 전환했다. 수익이 나는 모델은 키우고 수익이 나지 않는 분야는 과감히 정리했다. 이처럼 숫자로 철저하게 관리하며 숫자경영을 실행한 결과 이 회사는 3년 만에 흑자경영으로 전환했다. 그리고 현재는 법정관리에서 벗어나 해외 진출까지 하여 사업 영역을 확대하는 등 발전을 거듭하고 있다.

그는 각각의 지표를 통해 회사 상황을 읽을 수 있도록 숫자경영을 했다. 시간, 비용, 인력, 상품 등 모든 것을 숫자로 나타내어 경영함으로써 원가와 인건비를 줄이는 효과가 있었다. 또한 현재의 상태를 잘 판단할 수 있는 도식을 작성해 숫자만 읽으면 현재뿐만 아니라 미래의 상황도 예측할 수 있도록 시스템을 만들었다.

그렇다면 숫자경영과 감각경영의 다른 점은 무엇일까? 숫자는 정확하게 상황을 대변해서 확률과 통계를 통해 트렌드를 읽고 판단할 수 있는 잣대를 만든다. 따라서 숫자경영은 무엇보다 일관성 있게 경영할 수 있도록 한다. 대표적인 지표를 알고 있으면 회사의 경영 흐름을 한눈에 읽을 수 있다. 이를 기반으로 잡을 건 잡고 뺄 것은 과감히 빼면서 정리해 나가면 자연스럽게 감각적 경영이 수반된다. 반면 감각경영은 아이템 창출이나 외형적 발전에는 도움이 되지만 규모가 커지고 숫자의 조합이 복잡해지면 질서를 잃기 쉽다.

비즈니스 능력에 날개를 달아주는 숫자 관리

M씨는 유통업계에서 이름을 날린 영업 실력을 가지고 있었고 기발한 아이디어와 열정으로 가득찬 야심만만한 사람이었다. 부산에서 서울로 올라와서 순식간에 업계를 평정할 만큼 탁월한 실력을 갖췄고 주변의 도움까지 있었기에 그는 사업을 하기로 결심했다.

하지만 그는 사업을 하기 전에 숫자감각을 훈련시키고 익히라는 충고를 상식적으로만 받아들이고 명분을 중시하다 어려움을 겪었다. 그에게 다시 실리를 추구하며 목표를 설정함에 있어 숫자감각을 분명히 익히라고 조언했다.

"사업에는 필연적으로 목표 설정과 숫자의 질서라는 원칙이 있습니다. 그것은 우리가 알거나 알지 못하거나 상관없이 존재하는 실체이며 현실입니다. 만약 그 원칙을 제대로 실행하지 않으면 틀림없이 어려움을 겪습니다."

그는 사업이 잘될 때는 몰랐는데 최근에 사업 침체를 겪으면서 새삼 목표 설정과 숫자감각의 중요성을 깨달았다고 했다.

숫자로 목표를 설정하고 어떻게 훈련해야 하는지를 아는 사람은 드물다. M씨 역시 그랬다. 그에게 목표 설정과 숫자의 관계에 대해 자세히 설명해 주고 훈련을 통해 능숙해질 수 있는 구체적인 방법을 알려주었다.

먼저 목표를 설정할 때, 구체적인 숫자를 명시하고 숫자 관리를 철저히 한다. 단순히 목표를 정하는 것이 아니라 현실적이고 실현 가능한 숫자를 찾아내어 실행하는 것이다.

M씨는 목표 설정과 숫자의 질서를 바로잡기 위해 치열하게 훈련하고 실행했다. 그러자 스스로도 실속이 없다고 할 정도로 숫자감각이 없던 그가 변화했다. 주변 사람들도 더 이상 실속 없다고 평가하지 않는다. 그는 뛰어난 사업 능력에 목표 설정과 숫자 관리라는 날개를 달아 승승장구하고 있다.

목표가 명확하며 숫자에 민감하게 반응하는 사람들은 대개 부자를 꿈꾸는 사람이거나 부자이다. 그들은 확실한 목표 아래 숫자의 질서를 세우며 강력한 열정과 의지로 꿈을 실현한다. 명확한 목표와 숫자 관리가 엄청난 힘을 발휘하는 것이다.

부자는 숫자로 생각한다

부자 경영학의 첫걸음은 비전과 가치를 실현하는 목표를 설정하고 미래를 예측하는 것이다. 목표 설정과 미래 예측은 숫자와 감각이 고도로 다듬어져야 가능하다. 변수와 허용 오차 범위까지 포함해 숫자 관리가 철저해야만 부를 축적할 수 있는 기초 환경을 설정할 수 있기 때문이다.

지금까지 가장 한국적인 부자 경영학을 정립하기 위해 수없이 많은 부자들을 만나보고 비결을 찾아왔다. 부자들의 경영관은 나름대로 조금씩 차이가 있었고 독특한 점이 있었다. 그러나 그들의 비결 중에서 가장 높은 비율을 차지하는 최대공약수는 숫자 관리였다. 그들은 예외 없이 숫자를 관리하고 기록했다. 기록을 하지 않는 부자는 없었고 큰 사업을 할수록 숫자를 매우 정밀하게 기록한 노트를 가지고 있었다. 부자를 인터뷰할 때, 몇 사람은 노트를 직접 보여주며 자신만의 방법으로 정확하게 기록하는 노하우를 설명해 주었다. 가장 인상적이었던 노트는 건설업을 하는 S사장이 자신의 집무실에 비치해 둔 22권의 노트였다. 그는 노트 전부를 꺼내서 보여주면서 이렇게 말했다.

"이 노트는 제가 사업을 시작한 이래 지금까지 단 하루도 빠지지 않고 저를 관리해 주었습니다. 여기에 모든 것이 담겨 있습니다."

나는 그 노트 속에서 숫자감각을 보았다. 시간과 수입, 지출, 인간관계, 계획 등 모든 것이 수치화 되어 적혀 있었고, 모든 문자언어에 빠짐없이 숫자가 배속되어 있었다. 그 노트에서 오늘날 그가 성공할 수 있었던 원동력을 발견할 수 있었다.

숫자로 생각하는 것은 시간과 생산성, 아이템 등의 비율을 비롯한 모든 경우의 수를 관리하며 목표 설정을 하고 높은 성과를 올리는 것을 의미한다. 즉 모든 사물이나 인간관계의 흐름을 수치로 정확히 파악하는 것이다. 기본적으로 어떤 생각을 할 때 숫자를 매겨 구체적인 숫자로 상황을 인식한다. 그래서 아이템을 창출하는 것 역시 숫자로 상상하며 결과를 예측한다.

부자는 숫자 관리 능력이 매우 발달했다. 부를 지배하는 시간, 인력, 자금, 물량 등이 모두 숫자이며 모든 부가 수치로 측정되기 때문에 숫자를 잘 관리하는 것이다. 본능적으로 숫자 관리에 민감하지 않으면 부자가 될 수가 없다. 그런 의미에서 숫자 관리는 부자 경영학의 필수 요소로서, 단순히 숫자를 알고 적용하는 단계를 넘어 숫자로 생각하고 경영하는 것을 포함한다.

모든 부는 숫자 관리로 만들어진다

부자들은 모두 숫자경영을 한다. 숫자경영을 통하지 않고는 큰 숫자를 지배할 수 없기 때문에 숫자로 생각하고 성과를 평가하며 강조하는 환경을 만든다. 경영에 있어 숫자는 선택 사항이 아니라 필수 요소이며 꼭 필요한 과정이다.

경제학 석사학위를 받고 비교적 늦은 나이인 40대 초에 철강무역업에 뛰어든 L씨는 늦게 출발했지만 빠르게 성공궤도에 올랐다. 그에게 성공의 비결을 묻자 그는 겸연쩍어 하면서 말했다.

"아직 성공이라고 할 만한 수준은 안 되지만 그래도 저만의 비결을 알려드리면 시간과 인맥, 자금, 상품의 숫자 관리를 잘하는 것입니다. 모든 부는 숫자 관리로 만들어진다고 생각합니다. 기본적인 수익은 원가와 비용의 절묘한 계산에 의해 창출되지만 그 전체적인 구조를 이끌어가는 숫자 관리가 능숙해야 경영이 원활해집니다. 제가 다소 늦게 사업을 시작했지만 빨리 성장한 것은 경제학을 전공하여 숫자 관리에 능통한 덕분인 듯합니다."

실제로 그는 숫자감각과 수익의 관계에 대한 이론에 일가견이 있었다.

"이익 창출에는 법칙이 있습니다. 대개 사람들은 매출이익만을 크게 보지만 영업이익, 한계이익, 공헌이익, 경상이익, 순이익 등 이익에도 종류가 많습니다. 그러니 먼저 이익을 보자면 손익세산서의 구조부터 이해해야 하고 이익의 시스템을 만들어야 합니다. 그 이익의 시스템을 구축하려면 수리에 밝아야 합니다."

그는 수익에 대한 시스템을 통해 앞으로 사업 확장을 하겠다고 했다.

그와 대화를 하며 특이한 습관을 발견했다. 대개 부자들은 대화에서 숫자를 일상적으로 사용하는데 그는 그 빈도수가 좀 더 높았다. 그는 마치 형용사를 쓰듯 숫자를 많이 사용했다. 그에게 숫자는 일상적인 언어로 자리 잡은 듯했다.

숫자를 일상적으로 사용한다는 말은 숫자로 생각하고 행동하고 있다는 뜻이다. 다시 말해 그는 숫자와 수익에 그만큼 집중하고 있었기 때문에 빨리 성공할 수 있었던 것이다.

실제 숫자로 생각하고 숫자가 생활화되면 저절로 부자가 될 수밖에 없다. 숫자경영과 관련하여 "경제학자는 결코 실업자가 되지 않는다"는 오래된 격언이 있다. 경제학자들이 지어낸 말이 아니라 각종 숫자에 민감한 경제학자들이 최소한 실업을 피할 수 있는 조건을 가지고 있음을 나타낸 말이다. 실제로 유명한 경제학자 케인즈는 주식투자로 재산을 모았다. 그의 초상화에는 다음과 같은 글이 적혀 있다.

"불로소득으로 부를 축적한 존 메이나드 케인즈 경, 그는 심각한 경제 위기에 처했던 1932년 당시 미국 주식을 대대적으로 사들인 다음 호경기에 이를 팔아 상당한 부를 얻었다. 그는 주식으로 부를 얻은 경제학자 중 한 사람이다."

경제는 숫자의 흐름을 나타내는 각종 지표와 상황이지만 경영은 그 지표와 상황을 통제하고 이끌어가는 것이기 때문에 경영을 하는 사람이라면 당연히 숫자 관리를 잘할 수밖에 없다.

경제와 경영을 잇는 가교

경제와 경영은 어떤 차이가 날까?

옛날 제왕들은 경제를 치세의 기본으로 삼으면서 정치를 경제의 수단으로 삼았다. 경제의 경(經)은 '도로 경'자로 도로를 정비하여 소통이 잘되게 하며, 제(濟)는 '물 건너갈 제'로 물을 잘 건널 수 있도록 해주는 것이라는 의미가 담겨 있다. 옛날에는 도로 정비가 제대로 안 되어 강이나 바다, 산을 마음대로 다닐 수 있게 길을 내주고 자유롭게 소통할 수 있게 해주는 것이 중요했다. 즉 오늘날의 개념으로 인간의 경영 활동이 제대로 진행될 수 있도록 하는 기본 인프라를 구축하는 것이 바로 경제였다.

그에 반해 경영은 기본 인프라를 바탕으로 한 사람과 물질, 돈의 관리를 의미한다. 사람과 물질 사이를 연결하고 돈의 흐름과 그 관리를 주체적으로 하는 것이 경영이다. 윤석철 교수는 자신의 저서에서 "일을 잘하기 위한 학문이 필요하고 그것이 경영학이다. 순수학문에서부터 응용도가 높은 순서로 학문을 배열하면 경영학은 응용학문의 극단에 위치할 것이다. 역사적으로 보면 산업혁명 이후 기업이 발달하면서 생산, 판매, 인사, 재무 등 분야별로 필요해진 부분 해법들이 모여서 경영학이 되었다"라고 정의했다.

그는 경영의 세계를 일반 지성인이 이해할 수 있는 체제로 정리하는 것은 쉬운 일이 아니며 경영학은 삶과 일의 학문이고 인생과 기업의 기본에 대한 진지한 이해가 출발점이 되어야 한다고 주장했다. 따라서 경영과 경제, 인간의 관계는 앞으로도 변화하고 발전해야 할 영역이고 그 사이를 잇는 공식은 숫자개념이다.

수학 실력과 숫자감각은 일치할까?

영국에서는 수학을 잘하는 사람을 가장 뛰어난 인재로 꼽는다. 명문 케임브리지대학의 수학과 출신은 영국 최고의 금융가에서 최고의 대우로 스카우트한다. 국민 정서도 수학 실력을 높이 인정하는 분위기이다. 이는 한때 해가 지지 않는 나라로 엄청나게 많은 속국을 관리하기 위해 수학 실력이 필요했던 까닭이다.

수학의 원리는 모든 과학적인 분야의 도구로 사용된다. 특히 경제와 경영에 많은 도움을 주는데, 주가나 환율을 수식으로 예측하는 것을 비롯하여 금융파생상품 등에 다양하게 사용되고 있다.

수학을 잘하는 사람은 대부분 잘살고 최소한 가난한 사람이 드물다. 이과 전공자의 취업문이 넓은 것도 우연의 일치가 아니다. 그들은 실무와 기능, 기술이라는 실제적인 숫자의 세계를 배웠기 때문에 사회적인 활용 가치가 높다. 또한 매우 실리적인 사고방식을 지니고 있어 부의 축적에 훨씬 충실하기 때문이다. 보편적인 기준으로 수학 실력이 뛰어나면 그만큼 활용 범위가 넓은 것이 사실이다. 그렇다면 수학 실력과 숫자감각은 일치하는 것일까?

절대로 그렇지 않다. 수학을 못한다고 해서 숫자감각이 없다고 말할 수는 없다. 수리력은 타고나는 것이지만 숫자감각은 후천적으로 얼마든지 배양할 수 있는 능력이다. 숫자감각을 갖추는 데 대단한 수학적 지식이 요구되는 것은 아니다. 수학과 숫자감각은 다른 개념이다. 숫자감각에서 미분, 적분, 삼각함수 같은 고등수학은 필요치 않다. 덧셈, 뺄셈, 곱셈, 나눗셈의 4가지 기본 원리만 지적으로 활용한다면 숫자감각은 얼마든지 살릴 수 있다. 일상적인 문제에 이러한 기본적인 원리의 산술을 적용할 수만 있다면 숫자감각은 활성화된다. 결론적으로 수학 실력에서 보여지는 숫자의 세계와 일상생활이나 경영에서 후천적으로 강화시킨 숫자감각은 반드시 일치하지는 않는다.

그 차이점은 수학 실력이 발달한 사람은 좌뇌의 기능이 발달한 반면 숫자감각이 발달한 사람은 좌뇌의 숫자기능과 우뇌의 감각이 동시에 발달되어 숫자의 관리와 감각적 활용을 둘 다 잘할 수 있다는 점이다. 그렇기 때문에 숫자감각이 발달한 사람이 수학 실력이 뛰어난 사람보다 부자가 될 수 있는 조건이 월등하다.

오랫동안 건설업을 하며 잔뼈가 굵은 건설회사의 K사장은 이렇게 말했다.

"최고경영자는 숫자의 관리를 잘해야 하고 감각도 있어야 합니다. 숫자감각이 떨어지면 그 기업은 절대 큰 발전을 할 수 없습니다. 한

때 큰 성장을 이룬 기업이라고 해도 외풍을 맞아 곤두박질치면 숫자를 바탕으로 감각적인 경영을 하는 기업만이 살아남을 수 있습니다. 숫자나 감각 중에 어느 한쪽이 결여된 기업은 망할 수밖에 없습니다. 숫자감각은 경영의 필수 조건입니다."

일상생활에서 숫자의 관리와 감각의 활성화는 개인의 자산관리뿐만 아니라 기업 경영에 이르기까지 지대한 영향을 미친다.

재무관리, 한 달에 3시간이면 충분하다

세상에서 가장 공평하게 부여된 숫자는 시간이다. 누구에게나 시간은 동일하게 부여된다. 그러나 시간 관리를 어떻게 하는가에 따라서 빈부가 결정된다.

부자들은 과연 어떻게 시간을 관리할까? 그들은 돈 세는 데 많은 시간을 보내지 않을까? 많은 사람들이 부자들은 재무관리에 많은 시간을 쓸 것이라고 생각하지만 사실은 그렇지 않다. 부자들은 숫자감각이 발달하여 평상시에 돈의 흐름을 꿰고 있으며 재무관리를 능숙하게 잘하기 때문에 한 달에 3시간이면 모든 수치를 총괄해 낸다. 반면에 가난한 사람들은 재무 문제에 골머리를 앓느라 다른 일에 집중할 수도 없고 돈에 질질 끌려가는 생활을 하다 보니 무슨 일을 해도 감각이 떨어진다.

플랜트 건설 사업을 하는 L회장에게 재무관리 시간을 물어보았다.

"재무관리에 쓰는 시간은 많아야 한 달에 3시간 정도입니다. 평소에 이미 수치로 재무 상태를 파악하고 있기 때문에 재무관리라고 해야 확인하는 정도일 뿐이지 계산하고 이리저리 머리를 굴릴 필요가 없습니다."

보통 사람들은 돈이 많으면 많을수록 재무관리하는 시간이 오래 걸리지 않을까 생각하지만 그렇지 않다. 돈이 없는 사람일수록 잔고 확인을 해야 하고, 청구서를 비롯하여 채무관계에 대해 고민해야 하며, 세세한 것까지 따져야 한다. 반면 어느 정도 재력이 갖춰진 사람은 돈의 흐름을 꿰뚫고 있어서 재무관리에 그리 골몰하지 않아도 된다.

재무관리는 크게 예산과 결산으로 나눌 수 있다. 예산은 어떻게 돈을 쓸 것인지에 대한 계획이고 결산은 예산에 따른 지출, 수입을 계산하는 것이다. 따라서 예산대로 지출하고 수입을 얻어 결산을 하면 재무관리에 문제될 것이 없다. 평소 숫자에 대한 질서를 잘 부여하면 한 달에 3시간이면 충분히 관리할 수 있다. 반면에 무질서하면 당연히 재무관리에 시간을 많이 쓸 수밖에 없을 것이나. 더군다나 요즘에는 인터넷으로도 재무관리를 할 수 있어 돈의 입출금과 여러 가지 재무구조를 한눈에 볼 수 있다. 그렇기 때문에 일반 가정에서 재무관리를 하는 데는 한 달에 2시간이면 충분하다.

성과를 높이는 재무 능력

예상보다 많은 사람들이 일상생활에서 자연스럽게 숫자로 생각하고 행동한다. 대기업에 근무하는 엘리트 사원의 머릿속에는 온통 숫자가 들어 있다. 새벽 6시에 일어나 출근을 하고 밤 11시에 퇴근하는 사람의 머릿속에 무엇이 들어 있겠는가. 새벽 6시에 일어나 출근하려면 잠들기 전 그 시간에 알람을 맞춰놓아야 하며 회사에서 하는 모든 업무가 시간, 목표 수치, 업무 수치 등에 맞춰져 있다. 시간 노동자들의 머릿속에는 대개 숫자가 들어있을 수밖에 없지만 감각까지 함께 있는지는 의문이다.

숫자감각이란 숫자 프로그램대로 살아가는 것이 아니라 감성을 통한 감각이나 숫자에 대한 지식을 바탕으로 숫자를 생각하고 그에 따라 행동하는 것을 의미한다. 그런 점에서 비즈니스에서의 숫자지식 발현인 재무관리를 보면 재무적 능력이 어떻게 평가되고 회사의 성과에 어떠한 영향을 주는지를 알 수 있다.

한 기업에 재무 능력이 뛰어난 인재가 많으면 높은 성과를 거둘 수 있다는 것은 이미 통계적으로 확인된 사실이다. 재무 능력은 금융지능(Financial intelligence)이라고 하는데 금융지능이 높은 직원일수록 일에 대한 집중도가 높아서 더 나은 성과를 낸다고 한다. 그들은 자신의 조직에서 할 수 있는 역할을 충분히 인식하고 조직의 공유가치를 실현하며 성과에 대해 충분히 이해한다. 그래서 신뢰와 충성도가 높아지며 업무 성과가 향상되는 것이다. 개인도 마찬가지이다. 숫자의 감각과 지식이 발달한 개인은 자연히 부자의 길을 찾아갈 수밖에 없다.

40대 초반의 빌딩 임대업을 하는 한 여사장과 인터뷰를 한 적이 있다. 그녀는 30대 초반에 교통사고로 남편을 잃고 두 아이와 자신의 생계를 책임지게 되었다. 남편은 유산조차 남기지 않았기 때문에 그녀는 살기 위해 돈과 시간이라는 숫자에 집착했다고 한다.

"세상을 떠난 남편을 원망하고만 있기엔 현실이 너무나 각박했습니다. 두 아이의 장래를 위해 일단 살아야 한다는 생각으로 돈과 시간 관리에 최선을 다했습니다. 단 하루도 돈과 시간을 기록하지 않은 날이 없고 재무회계를 공부하며 현실적으로 적용하지 않은 순간이 없습니다."

그녀는 숫자감각 덕분에 40대 초반에 신촌의 빌딩 2채를 인수했고 승승장구하며 부자의 길을 걸어가고 있다. 철저한 재무관리를 통해 거의 무일푼으로 시작해 수백억 원대의 자산가로 발돋움했다.

부자 경영학에서 숫자감각과 지식은 재무 능력, 금융지능을 포함하고 있다. 단순히 수학공식을 외우는 것이 아니라 매사를 숫자로 생각하고 실행하는 것이다. 이러한 능력으로 부자는 자연스럽게 만들어진다.

숫자의 한계를 뛰어넘는 감각을 갖춰라

숫자에는 밝지만 감각이 떨어지는 사람은 어떨까?

지극히 계산적이고 현실적인 H씨가 돈을 번 것은 주식시장이 활황일 때뿐이었다. 숫자에 대단히 밝았기 때문에 증시가 활황일 때는 큰 수익을 거두었지만 증시가 침체되자 그 역시 손실을 보았다. 수리에 밝은 사람답게 결단도 빨라 그는 재빠르게 사업을 시작했다. 사업을 시작하면서 BMW 승용차를 구입해 자신의 재력을 한껏 과시했다. 또한 강남의 큰 평수 사무실을 화려하게 꾸미고 자신감으로 충천했다.

주변에서 사업은 주식투자와는 달리 초기 투자를 줄이고 적게 시작해서 크게 늘려나가야 한다고 충고했지만 그에게는 마이동풍이었다.

그는 "제가 충분히 계산하고 시작하는 것이니까 걱정할 것이 없습니다. 제가 숫자에는 자신 있습니다"라며 호언장담했지만 결국 큰 실패를 맛보았다. 주식투자는 혼자서 결정하고 투자할 수 있는 것이지만 사업은 기발한 아이디어와 인적 네트워크를 필요로 하는 것인데 그는 그저 숫자만 따졌기 때문이다. 감각은 멀리한 채 수 읽기에만 뛰어나 손해보지 않으려고 애쓰는 그의 습성이 드러나자 곁에 있는 사람들이 하나 둘 떨어져 나갔다. 사업 역시 곤두박질쳤다.

H씨처럼 숫자에 밝아도 현실적으로 고전을 면치 못하는 사람이 많다. 사업을 하면서 지나치게 이기적으로 숫자를 밝히는 것은 오히려 역작용이 발생하기 때문이다. 아이디어 창출, 인적 네트워크 관리 능력과 같은 감각이 겸비되어야 사업에서 성공할 수 있다.

숫자감각은 크게 미시적 숫자감각과 거시적 숫자감각으로 나눌 수 있다. 미시적 숫자감각은 지나치게 작은 숫자만 세세히 따지고 큰 숫자에 대한 안목이 부족한 경우이다. 그렇게 되면 작은 것을 탐하다가 큰 것을 잃는다. 숫자감각은 작은 숫자에서 큰 숫자에 이르기까지 멀리보고 깊게 생각해야 한다.

경영이나 재테크를 잘하기 위해서는 숫자에 감각까지 더해진 숫자감각을 갖추어야 한다. 비전을 비롯한 가치, 의지, 열정, 아이템 등의 정신적 감각이 숫자와 결합될 때 큰 힘을 발휘한다.

　유사 이래 최고의 정복자로 세계를 통일한 천년 영웅 칭기스칸의 본명은 테무진이다. 그는 부족장의 장남으로 태어났지만 아버지의 돌연한 죽음으로 일가족이 부족에게 버림받았다. 황량한 초원에서 오직 살아남기 위해 그는 어릴 때부터 냉철한 생존감각을 키웠다.

　초원에서 어렵게 삶을 연명하던 어느 날, 식탐이 많은 어린 동생이 자꾸만 식량을 몰래 훔쳐먹는 것을 보았다. 그는 망설이지 않고 동생을 활로 쏘아 죽였다. 동생이 식량을 몰래 훔쳐먹으면 식량 부족으로 누군가는 죽어야 한다는 판단 때문이었다. 그런 야멸찬 생존감각으로 그는 몽골을 통일했다.

　몽골의 내분과 전쟁은 생존을 위한 경제 전쟁이었다. 한정된 자원을 가진 몽골에서 인징뛴 통일국가를 유지할 수 없다는 것을 그는 알고 있었다. 생존을 위한 숫자감각에 익숙한 그는 그런 상황을 정확히 간파했고 세계로 뻗어나가야 한다고 결정내렸다. 전쟁에 대한 명분은 오로지 몽골 백성을 배부르게 먹이자는 것이었다. 그래서 교역을 하면 평화, 거부하면 전쟁을 선택했다.

　세계를 통일한 막강한 힘의 원천을 찾다보면 특이한 사실을 발견할 수 있다. 그가 숫자의 세계를 뛰어넘는 성과를 이루어냈고 숫자의 배열을 통해 위대한 성공을 거두었다는 사실이다. 그의 머릿속에는 숫자의 배열을 할 수 있는 10진법이 들어 있었다. 그의 불우한 성장 배경과 아내를 빼앗기고 다시 찾는 과정에서의 전쟁, 세계 정복의 의지를 지배해 온 것은 숫자감각이었다. 군사조직부터 전쟁, 도시 건설, 교역에 이르기까지 숫자개념으로 철저히 계산하지 않은 것이 없었다. 그는 10진법의 원리를 통한 세계 정복의 길을 나섰다.

10진법을 통한 세계 정복

칭기스칸은 1206년 몽골제국의 칸(몽고 · 터키 · 타타르 · 위구르 등의 임금)에 올랐다. 1204년에 몽골고원 서부의 부국인 나이만부를 멸망시킨 후 전 몽골고원을 통일하면서 1206년에 씨족공동체를 해체했다. 그리고 10진법으로 십호, 백호, 천호, 만호의 단위로 군사, 사회조직을 재편했다.

십호는 어느 씨족이든 가리지 않고 그 속에서 10명의 무장 병사를 배출할 수 있는 군사, 행정의 기본 단위였다. 십호제는 백호제, 천호제로 확장되었다. 각 호의 장은 칭기스칸이 몽골고원을 통일하는 과정에서 경쟁적으로 기여한 너커르 집단의 멤버를 임명했다. 10진법을 기반으로 성립된 천호제는 놀라운 사회조직이었으며 동시에 당시로서는 가장 효율적이고 생산성이 높은 군대를 만드는 근간이었다. 적은 숫자의 충성스런 너커르의 활약으로 대병력을 물리치는 힘은 가히 상상을 초월했다. 씨족 단위의 군대가 제각기 이해관계나 명령체계가 분산되는 단점이 있는 반면에 호제는 일사 분란한 명령체계와 충성을 보일 수 있는 조직체계이기 때문이었다.

구체적으로 살펴보면, 칭기스칸 시대의 몽골의 인구는 최대 200만 명 정도였고 여기서 약 20만 명 정도로 몽골군을 조직할 수 있었다. 그들 중에 몽골고원 출신의 순수 몽골병사는 10만 명 정도였다. 그런데 이 10만 명은 칭기스칸이 손만 한번 들면 금세 20만이 되고 30만, 40만, 50만으로 얼마든지 증원이 가능했다.

또한 그들은 시간이라는 숫자를 중시하여 국내 여러 지방으로 통하는 주요 도로에 40~50킬로미터마다 역참을 배치했다. 각 역참에는 300~400마리의 말이 준비되어 사신들이 빠르게 정보를 전달하는 데 이용할 수 있도록 했다. 그래서 그들은 속도전인 전쟁에서 승리할 수 있었다.

무게에 대한 숫자감각도 빼놓을

수 없다. 당시 유럽 기사단의 군장 무게는 70킬로그램에 육박한 데 비해 몽골군의 군장은 매우 가벼웠다. 몽골군의 무기는 칼과 활, 쇠몽둥이가 전부였고 휴대품은 말린 쇠고기나 버터, 미숫가루 정도로 각 병사당 6개월분의 비상식량이 준비되어 있었다.

그들은 무게와 시간이라는 숫자에 매우 민감하여 정복전쟁을 빠르게 진행했다. 또한 정복 후에는 화폐 단위 숫자를 통일하고 교역이라는 숫자의 거래를 적극 장려했다. 기록을 보면 전쟁과 교역에 관한 숫자감각의 흔적이 매우 많다.

칭기스칸의 숫자감각

칭기스칸은 몽골고원을 통일하고 칸에 올랐지만 정작 글을 몰랐다. 죽을 때까지 칸이라는 서명 외에는 쓸 줄도, 읽을 줄도 몰랐다. 심지어 4명의 아들도 마찬가지였다.

칭기스칸과 그 아들들이 글을 깨우치진 못했지만 그들은 유목민식으로 학습했다. 칭기스칸식 학교가 따로 있었는데 그것은 오늘날 미국의 웨스트포인트와 하버드대학을 결합시킨 것과 같은 케식텐 조직이었다.

케식텐 조직은 천호제의 원리로 탄생하였다. 그것은 종래의 종신고용형 국가를 일종의 계약형 국가로 바꾼 것으로 정치, 군사, 행정, 사회의 조직 원리였다.

칭기스칸의 케식텐 조직의 유목민식 교육은 효율적이고 표준화된 조직과 제도를 중시했다. 전략과 전술, 재무 등 국가를 운영하며 갖추어야 할 능력을 충분히 배양하도록 했다. 10진법이라는 정확한 숫자 원리가 적용된 천호제로 시스템을 가동했고 핵분열해 나갔기 때문에 전체적인 일관성을 유지하고 발전할 수 있었다. 또한 칭기스칸은 공동생산을 하되, 경쟁 원리에 맞게 기여도와 공헌도에 따른 성과제를 도입해서 각자 능력을 최대한 발휘하게 했다.

칭기스칸이 비전이나 성취력, 성과급으로 부하들이 능력을 발휘하도록 한 그 힘의 바탕에는 숫자감각이 깔려 있었다.

2장

부자의 남다른 부 축적 시스템

HOW TO
GET RICH

숫자야, 신바람 나게 놀자

숫자를 좋아하는 사람은 하루 종일 숫자로 생각하고 말하고 행동하며 신바람 나게 숫자와 논다.

출판사를 경영하는 K사장은 놀라울 정도로 숫자가 빠르다. 무슨 말을 할 때는 언제나 종이와 볼펜을 가지고 숫자를 쓰면서 설명한다. 말을 할 때 역시 첫 번째, 두 번째라며 손가락을 꼽고, 시간도 정확하게 체크하면서 이에 맞춘다. 처음에는 그런 태도가 이상했지만 사업을 하면서 숫자감각의 관점에서 그를 깊이 이해하게 되었다. 즉 그는 숫자와 신바람 나게 놀았던 것이다. 경리를 보듯 단지 숫자에만 능한 것이 아니라 번뜩이는 아이디어와 강한 추진력을 갖고 사업적으로 뛰어난 수완을 발휘하고 있었다.

그는 "시간은 바로 돈입니다. 그렇기 때문에 시간의 속도와 밀도가 중요합니다"라고 입버릇처럼 말했다.

"가치를 숫자로 환산할 수 있어야 합니다. 모든 계획과 실행은 목적과 가치를 지니고 있는데 목적은 대체로 숫자로 나타납니다. 하지만 중요한 것은 가치 역시 숫자로 환산해야 한다는 것입니다. 숫자로 환산할 수 없는 가치는 없습니다. 가치를 진정 가치 있게 만드는 것은 숫자로 나타낼 수 있는 아이디어, 아이템의 감각입니다."

대부분의 사람들은 숫자에 강하면 아이디어나 행동이 부족해진다고 생각하지만 오히려 정반대이다. 숫자와 신바람 나게 놀면, 아이디어가 샘솟고 더 강력한 추진력이 생긴다. 그 이유는 숫자를 좋아하게 되면 좌뇌가 활성화되면서 더불어 아이템을 창출하는 우뇌의 영역을 자극하기 때문이다. 실제 아이디어를 짜낼 때도 마찬가지이다. 무조건 생각하는 것보다 시간을 정하고 아라비아 숫자를 이용해 순서대로 아이디어를 배열하고, 아이디어의 수를 늘려나가다 보면 좋은 아이디어가 나오기 마련이다.

단지 아이디어를 떠올린다는 생각으로 숫자개념 없이 몇 개 정도를 떠올린다면 좋은 아이디어가 나올 수 없다. 그 어떤 아이디어도 숫자와 분리되어 나올 수 없다. 그런데도 대부분 숫자를 배제하고 생각하는 경우가 많다. 그런 경우에는 감각이 무뎌진다.

감각을 활성화하려면 숫자와 신바람 나게 놀아야 한다. 사업적으로 매출을 올리기 위해서 시간과 자금, 사람, 전략, 아이템 등의 종합적인 경영을 숫자감각으로 해보라. 결과는 판이하게 달라진다. 기본적으로 숫자들이 저마다 신바람 나게 놀면서 성과를 높여준다.

숫자는 신바람 나게 놀게 해주면 감각을 살려내면서 반드시 성과를 낸다. 하지만 숫자에만 의지해서 목표를 정하고 무리하게 추진하다가는 숫자 때문에 죽을 수도 있다. 숫자로 얽어매거나 무리수를 두지 않아야 한다. 자연스럽게 숫자와 놀면서 안정과 여유를 지닐 때 비로소 숫자의 위력이 나타날 것이다.

취미, 놀이, 게임에 숫자를 부여하라

고등학교를 졸업한 순간부터 수학에서 탈출한 사람이 많다. 학교 다닐 때 수학이 지긋지긋해서 숫자를 싫어하는 사람도 있고 아예 숫자에 어두운 사람들도 많다. 그들은 숫자와 놀려고 하지 않는다. 그러니 자연히 시간의 소중함이나 돈의 적정분배 가치, 그 밖의 숫자들에 대해 관심이 없어진다.

숫자감각을 연구하면서 많은 사람들에게 숫자에 대한 호감 정도에 대해 물어보았다. 거의 80퍼센트 이상이 숫자를 싫어하거나 관심을 보이지 않았다. 이는 숫자와 신바람 나게 노는 방법을 모르기 때문이다.

숫자와 노는 방법은 간단하다. 자신이 좋아하는 취미나 놀이에 숫자를 부여하는 것이다. 숫자놀이에 최고로 좋은 것은 암산과 외우기를 통한 숫자 학습이다. 포커나 고스톱도 도움이 되는데 확률과 수를 제대로 알아야 게임에서 승리할 수 있다. 확률과 수의 원리는 반복적 학습에 의해 습득할 수 있다. 예를 들어 어떤 일을 할 때 시간을 정해 놓고 사람, 업무 성과, 지출, 수익 등을 숫자로 기록하며 신바람

나게 일해 보라. 그러면 숫자들이 신바람을 내며 춤추기 시작할 것
이다. 단위시간당 생산성이 높아지고 많은 사람이 자기편이 돼주며,
업무 성과가 높아져 수익도 자연히 높아진다. 숫자들이 춤을 추면
사람까지 저절로 신명이 난다.

그러자면 먼저 숫자의 암산에 능해야 하고 외우기를 하며 기록을
해야 한다. 예를 들면 나는 숫자에 능해지기 위해서 차를 운전할 때
모든 차 번호를 암산한다. 처음에는 속도가 느렸지만 지금은 차 번호
판을 보는 순간 암산이 된다. 또한 특정수의 공식은 외우면서 익숙하
게 숫자를 다루게 되었다. 그 결과 장부의 숫자도 금방 알게 되고 숫
자의 기억 용량도 무척 강화되어 감각을 살릴 수 있는 여유도 생겼다.

무엇이든 잘하게 되면 즐겁고, 또 잘하는 것은 자꾸만 하게 되어
결국 전문가가 되는 법이다.

목표의 수치화와 강력한 동기부여

동기부여는 언행의 씨앗이다. 모든 위대한 사람들에게서 찾을 수 있는 공통점은 동기부여가 보통 사람들보다 훨씬 강하다는 것이다. 그들은 동기부여를 통해서 꿈을 키웠고 마침내 현실로 이루어냈다. 동기부여는 열정을 불러일으키며 어떤 일을 지속적으로 이끌어가는 원동력이다.

요식업 체인사업을 하는 Y씨의 숫자를 통한 동기부여는 매우 놀랍다. 그는 지독히 가난한 환경에서 자랐지만 어릴 때부터 한 가지 꿈을 간직하고 있었다. 그것은 100억 원을 벌어 부자가 되는 것이었다.

"저는 자나 깨나 100억 원만을 생각했어요. 수첩에는 언제나 100억 원을 벌 것이라고 적었고 어떤 일을 하든지 100억 원을 버는 데 도움이 되는지 안 되는지를 기준으로 판단했죠."

　그는 머릿속에 100억 원이란 숫자를 각인시켜 놓고 매순간 자각하며 부를 축적하기 시작했고 그러다 보니 강력한 동기부여가 일어나 요식업 체인을 성공시킬 수 있었다.

　"저는 2번이나 크게 실패했어요. 첫 번째는 사글세라도 구할 돈이 남아 있어 버텼는데, 두 번째는 완전 알거지가 되어서 더 버틸 수가 없어서 서울로 왔습니다."

　그는 30대 초반에 맨손으로 서울로 올라와서 재기에 성공했다. 타고난 숫자감각과 사업 수완으로 처음에는 자본이 많이 들지 않는 간판업과 인테리어 사업으로 기반을 다졌다. 그러면서 차츰 주변 사람들의 신용을 얻어 사업적 비전을 제시하고 투자를 유치하여 요식업 체인사업을 일구었다. 현재 50억 원대의 자산가인 그는 아직 자기 꿈의 숫자를 채우지 못했다고 하면서 55세까지 반드시 성취할 것이라고 자신했다.

　"저는 반드시 100억 원 자산을 이룰 것입니다 저는 꿈이 숫자를 믿습니다. 한 사람이 온 힘을 다해서 최선을 다하면 하늘과 땅이 돕고 사람들도 모여든다는 것을 여러 번 느꼈습니다."

　동기부여는 그 어떤 계획보다 강력하며 온갖 어려움과 좌절을 겪어도 일어설 수 있는 힘이다. 동기부여는 꿈을 이루기 위한 첫걸음이다.

목표를 숫자로 명시하라

　동기부여를 하는 방법은 여러 가지가 있다. 가장 강력한 힘을 발휘하는 동기부여는 자신이 진정으로 원하고 좋아하는 일을 선택하여 목표를 숫자로 명시해서 성취하는 것이다.

　캐나다 출신의 유명한 영화배우인 짐 캐리의 경우를 보면 숫자와 꿈, 그리고 동기부여가 어떻게 연결되는지를 알 수 있다. 그는 영화배우가 되겠다는 청운의 꿈을 안고 미국으로 건너왔지만 긴 무명시절을 보내야 했다. 너무 가난하여 집도 없고 먹을 것도 변변치 않은 최악의 환경 속에서 그는 스스로 강력한 동기부여를 했다.

　'더 이상 이렇게 살아갈 수는 없다'는 다짐으로 무작정 할리우드로 갔다. 그리고 가장 높은 언덕에 올라가 자신의 꿈을 숫자로 생각했다. 그는 그곳에서 한참을 생각한 후에 수표책을 꺼내어 적요란에 출연료라고 적고 자신에게 강력한 동기부여를 할 수 있는 숫자인 1,000만 달러를 썼다. 그리고 자신이 1,000만 달러를 받는 상상을 하며 그 수표를 스스로 받아 지갑에 넣었다. 그는 1,000만 달러 수표를 5년 동안 지갑에 넣고 다니면서 매순간 그 숫자를 생각하며 꿈을 이룰 방법을 찾고 또 찾았다. 그는 1,000만 달러의 강렬한 에너지를 가지고 영화에 출연하여

인정을 받기 시작했다. 그리고 마침내 〈덤 앤 더머〉와 〈배트맨〉의 출연료로 자신이 그토록 원했던 꿈의 숫자 1,000만 달러보다 훨씬 많은 1,700만 달러를 받았다. 꿈의 숫자로 불러일으킨 동기부여가 강렬하게 그의 잠재능력과 열정을 부추겨 꿈을 실현한 것이다.

그는 그 영화들을 기점으로 유명 배우로 명성을 쌓았고 세계적인 영화배우가 되었다. 그는 이제 영화 한 편당 평균 2,000만 달러의 출연료를 받고 있다. 가장 고액의 출연료를 받는 배우 중 한 명이 된 것이다.

동기부여의 힘은 대단하다. 목표를 숫자로 명확하게 정하여 현실적으로 노력하면 구체적인 결과가 반드시 나타난다. 따라서 동기부여를 할 때는 반드시 숫자를 통해 목표를 정하는 것이 좋다. 동기부여가 시작되는 시기와 과정의 확실한 숫자감각이 훨씬 구체적이며 현실적인 결과를 만들어낸다.

숫자감각을 키우는
실전감각

숫자는 일반적인 언어와는 다르다. 인간의 두뇌는 기본적으로 우뇌가 더 발달되어 있고 좌뇌는 우뇌의 영향을 많이 받기 때문에 어떤 상황에서든 좌뇌가 먼저 작용하기는 힘들다. 우뇌의 감성적 영역을 통해서 좌뇌의 숫자 영역이 발달하며 활용된다. 바꾸어 말하면 좌뇌의 숫자감각이 발달한 사람은 우뇌의 창의성도 뛰어나다는 것이다. 이는 감성적 영역과 이성적 숫자감각이 동시에 발달해야 그만큼 두뇌활동이 활발하기 때문이다. 그래서 숫자감각을 연구하면서 가장 중요시한 것이 숫자감각에 의한 활용법이다. 아무리 숫자감각이 좋은 것을 안다고 해도 신용적 매뉴얼이 없으면 활용할 수가 없다. 숫자감각을 익히는 핵심 비결은 무엇보다 행동이기 때문이다.

감성적 영역처럼 느끼고 표현하거나 아이템을 얻는 것도 근본적으로 숫자이다. 기본적으로 모든 행위는 숫자이며 어떤 행위든지 숫자를 비켜갈 수는 없다. 수학이 모든 학문의 기초가 되는 이유도 숫자가 들어가지 않으면 질서를 이룰 수 없기 때문이다.

실전감각은 먼저 숫자의 훈련을 한 후에 활용해야 한다. 구체적인 실전감각은 자신의 포부와 비전을 전략화하고 행동하는 방법론이다.

숫자의 훈련은 수학책을 펼쳐서 어려운 수학문제를 푸는 것이 아니라 숫자의 기본 원칙을 숙지하는 것이다. 앞서 밝힌 대로 기본적으로 덧셈, 뺄셈, 곱셈, 나눗셈만 할 줄 알면 된다. 덧셈, 뺄셈, 곱셈, 나눗셈은 모든 수학 원리의 기초로 이루어지기 때문에 이 4가지 도구를 지적으로 활용한다면 숫자를 잘 다룰 수 있다.

또한 백분율을 계산하는 것도 알아두어야 한다. 퍼센트는 은행이자율뿐 아니라 자기관리의 확률을 계산할 때도 꼭 필요하다. 숫자 훈련을 하기 위해서는 중학교 1학년 수준의 수학 실력만 갖추면 된다. 그 이상은 필요 없으며 중요한 것은 활용이다.

숫자의 활용은 단순히 숫자로 계산하는 것이 아니라 숫자에 익숙한 사고방식을 가지는 것이다. 숫자를 활용하는 사고방식이 익숙해지면 감각적인 아이템이나 구상이 잘 떠오른다. 숫자 활용을 한마디로 요약하면 숫자로 생각하고, 행동을 계산하며, 감각을 발휘하여 성취하는 것이다.

숫자감각을 연구하며 주변인들에게 숫자 활용법을 알려주고 나중에 그들이 숫자감각을 얼마나 활용하는지를 알아보니 뚜렷한 양극화가 일어났다. 숫자를 기록하며 활용한 사람들은 숫자감각으로 크게 변화했지만 머릿속으로만 생각한 사람들은 약간의 변화밖에 없었다. 숫자를 기록하며 훈련하고, 실제로 활용해야 큰 성과를 이룰 수 있다.

일상생활에서 숫자감각을 익혀라

숫자의 실전감각은 생각과 행동, 감각이 한꺼번에 이루어지는 것이다. 활동의 전 영역을 숫자로 인식하고 기억하며 감각적으로 성취하는 것이다.

기본적으로 숙지해야 할 숫자를 알고 그에 맞는 감각을 갈고닦아 포인트를 잘 맞춰야 한다. 세상에는 온갖 숫자들이 있지만 자신에게 맞는 숫자를 우선 파악한 후 훈련을 하고 실전에 임해야 한다. 기본적으로 숫자는 보편적 질서를 위해 존재하지만 개인적인 숫자는 각자 다르게 지니고 있다. 모두가 함께 사용하지만 개인적으로 다른 숫자는 무엇일까?

1. 시간

시간은 창조적 에너지이다. 동시에 시간은 돈이며 모든 것을 변화시키는 에너지이다. 시간을 어떻게 쓰며 하루를 보내는가에 따라 그 가치가 전혀 달라지므로 시간은 창조적으로 활용해야 한다. 숫자감각을 키우기 위해 시간을 효율적으로 사용하려면 어떻게 해야 할까?

1) 생활계획표를 세밀히 짜서 시간을 효율적으로 안배한다.

2) 시간을 나누어서 사용하며 모든 시간에 대한 규칙을 부여한다.

3) 시간을 황금과 같은 가치로 생각한다.

4) 목표와 계획을 비롯한 모든 것을 시간으로 표시한다.

5) 물질과 시간의 생산성을 측정하고 성과를 기록한다.

우리가 바라는 행운은 시간의 활용법에 따라 찾아올 수도 있고 그렇지 않을 수도 있다. 행운은 시간을 100퍼센트 활용함으로서 만들 수 있고, 그 시간들이 쌓여서 뛰어난 결과를 만들어낸다.

부자가 되기 위해서는 시간에 대한 구체적인 숫자 관리가 필요하다. 시간은 가장 희소하며 가치가 높은 자원이기 때문에 주어진 시간을 무작정 쓰는 것보다 숫자 관리를 하는 것이 도움이 된다. 구체적으로 시간 관리는 목표를 중심으로 이루어지며, 목표를 이루기 위한 시간은 전체의 2퍼센트를 사용하는 것이 가장 바람직하다.

1년의 시간을 관리하기 위해서는 기본적으로 1년 365일의 2퍼센트에 해당하는 7.3일이 필요하다. 1년의 목표를 잡기 위해서는 대략 1주일의 시간이 걸리는 것이다. 하루의 목표를 이루기 위한 시간은 하루 24시간, 1440분의 2퍼센트에 해당하는 28분 8초를 투자하는 것이 바람직하다.

시간의 활용법에 있어 기본은 시계를 보지 않고도 시간의 흐름을 아는 것이다. 하지만 집중을 할 때만큼은 어느 정도 시간의 흐름을 망각할 줄 알아야 한다. 실전감각에서는 시간을 에너지와 숫자로 인식해야 한다. 매시간을 체크하며 자신의 업무와 자금, 아이디어를 적절한 시간으로 배치해야 한다. 삶에서 변화를 일으키는 최고의 에너지이며 감각을 필요로 하는 것은 바로 시간이다.

2. 사람

사람은 자산이며 동시에 숫자이다. 사회적 동물로서 인간은 조직이라는 숫자로 채워진 시스템 속에서 살며, 네트워크를 형성하며 살아간다. 그러므로 스스로 뛰어난 인재가 되어 사람이 많은 조직에서 핵심적인 역할을 맡거나 주변에서 인재를 끌어모아야 한다. 그런 뛰어난 인재가 되려면 어떻게 해야 할까?

1) 인맥의 구성도를 작성한다.
2) 자신에게 최고의 인맥이 몇 명인지를 파악하고 기록한다.
3) 인맥을 황금과 동일하게 생각한다.
4) 인맥 네트워크를 통한 생산성을 측정하고 평가한다.

위인전이나 성공한 사람들의 전기를 보면 반드시 귀인(貴人)이 나타난다. 귀인은 도움을 주는 사람이나 인재를 의미한다. 예를 들어 삼국지의 유비에게 관운장과 장비는 귀인이다. 그들은 의기투합하여 도원결의를 하였다. 그리고 최고의 귀인인 제갈공명 한 사람을 스카우트하기 위해 삼고초려하는 수고를 아끼지 않았고 덕분에 뛰어난 인재를 만나 출사할 수 있었다.

사람에 대한 숫자감각은 이처럼 귀인의 관점에서 봐야 한다. 우선 자신을 둘러싼 사람의 숫자를 기록하고 그 다음에 자신에게 도움을 주는 사람을 비롯한 전체 네트워크를 숫자로 파악해 본다. 네트워크 인맥의 숫자 구성이 짜임새 있으면 현재 힘겨운 상황에 놓여 있다고 해도 머지않아 큰 성공을 거둘 수 있다. 자신이 도움을 준 사람의 숫자가 많으면서 자신에게 도움을 주는 사람도 많으면 반드시 성공할 수 있다.

3. 업무

업무는 대개 숫자로 배정되거나 숫자를 필요로 한다. 기본적으로 어떤 업무를 하든지 시간이나 인력, 자금, 물질 등과 연관성을 지니고 있다. 즉 숫자의 질서를 통해 업무가 진행된다는 것이다. 그렇기 때문에 비전과 목표를 숫자로 분명히 명시하고 전략적으로 일을 하는 것이 중요하다. 업무를 효율적으로 관리하려면 어떻게 해야 할까?

1) 업무의 우선순위를 명확하게 정한다.
2) 업무를 세분화하여 시간과의 관계를 살펴본다.
3) 업무와 인력과의 관계를 철저히 분석한다.
4) 업무와 상품의 생산성을 검토한다.
5) 업무와 비용과의 관계를 알아본다.
6) 업무의 양과 질, 성과를 철저히 측정한다.
7) 업무의 개선에 대한 방법론을 구체적인 숫자로 분석한다.

업무에서 숫자감각을 키우려면 측정과 평가가 정확하게 이루어져야 한다. 목표를 세우고 실제 성과에 대해 숫자로 명확하게 측정하여 평가를 내리며 자율적으로 숫자를 지배할 수 있어야 한다. 그러자면 업무를 진행하며 숫자를 통한 사고방식에 익숙해지고 동시에 숫자와 감각을 잘 발휘하는 것이 바람직하다.

4. 돈

돈은 숫자의 변화와 속도가 가장 빠른 것이다. 물질의 대명사로서 돈에 대한 숫자 활용법은 대단히 광범위하다. 시간과 사람, 업무에 따라 제각기 방법이 다르게 나타날 수 있기 때문이다. 일반적으로 경리부의 입장에서 돈을 관리하는 것도 필요하지만 그보다 더 중요한 것은 돈의 숫자감각이다. 돈을 효율적으로 관리하는 숫자감각은 어떤 것이 있을까?

1) 돈의 흐름에 따른 숫자 관리를 명확하게 한다.
2) 시간과 돈의 관계를 통해 가치와 성과를 알아본다.
3) 인력과 돈의 관계를 면밀히 검토한다.
4) 상품과 돈의 관계, 수익과 지출의 관계를 숫자로 분석한다.
5) 수익과 지출을 비롯한 일체의 현금흐름과 총체적인 흐름을 파악한다.
6) 절약과 수입의 창출을 통해 기분 좋게 돈의 숫자 관리를 한다.

논의 지출과 수입을 단순하게 기록하는 것은 의미가 없다. 숫자와 감각적인 면이 결합되어야 효과가 배가 된다. 적시적소에 사용하면서 수익을 창출할 수 있어야 가치를 빛낼 수 있다.

기본적으로 돈의 가치철학을 정립해서 그에 맞게 관리해야 하며 철저하게 실전감각을 활용해야 한다. 기본적으로 수입과 지출을 비롯한 모든 경비를 기록하고 항목별로 분석하며 자세한 현금흐름을 파악해야 한다. 투자를 하며 손실을 겪었다고 해도 정확하게 돈의 흐름을 숫자로 읽고 감각적으로 대처할 수 있으면 된다.

선택의 순간을 위한 숫자 활용법

숫자는 거짓말을 하지 않는다. 살아가면서 진짜와 가짜를 비롯해 무언가 선택을 할 때 가장 필요한 것은 숫자와 감각이다.

학교를 선택하거나 취업 혹은 쇼핑을 할 때 선택의 순간이 다가와도 결정을 내리지 못할 때가 많다. 그런 경우 노트에 적어 수치화하거나 그래프로 그려 수학적 계산을 하는 것이 좋다. 이런 숫자감각이 가장 명쾌한 결정을 할 수 있게 도와주기 때문이다.

선택의 순간을 위한 숫자 활용법은 재일교포 사업가 손정의가 개발한 방식이 단연 탁월하다. 그는 미국 유학을 마치고 일본으로 돌아와서 새로운 사업을 선택하기 위해 숫자감각의 개념과 거의 유사한 방법으로 결정을 내렸다. 그는 아이디어를 노트에 적고 정리하여 업종을 선택하기 위한 갖가지 조건들을 나열했다.

1. 믿지 못하면 사업을 하는 의미가 없다.

2. 선택한 업계가 앞으로 꾸준히 성장할 것으로 판단되는가?

3. 앞으로 50년 이상 그 일에 몰두할 수 있는가?

4. 자본이 너무 많이 필요한 사업은 안 된다.

5. 젊었을 때는 적극적으로 도전하라.

6. 장차 반드시 그룹사의 핵심이 된다.

7. 아무도 생각하지 못한 독특한 사업을 하자.

8. 10년 이내에 적어도 일본에서는 정상의 자리에 오른다.

9. 사업 성공의 열쇠는 바로 많은 사람을 행복하게 하는 것이다.

이런 식으로 25가지 항목을 나열하여 각각의 항목에 독자적인 지수를 기입하였다. 각 사업별로 작성한 서류뭉치들을 평가하였고 최종적으로 종합 점수가 가장 높은 사업을 선택했다.

숫자감각을 활용하려면 노트 혹은 컴퓨터로 자신에게 적합한 항목을 열거하여 지수를 매기고 수치화하여 결정을 내리는 것이 효과적이다. 지수를 매길 때는 가치우선순위에 따라 가치가 높은 것에 높은 숫자를 부여하는 가중지수를 적용하거나 상대적 가치에 대한 지수를 매겨서 평가하는 것이 도움이 된다.

부는 시간, 돈, 인맥, 물질 등을 많이 소유한 것을 뜻
한다. 부를 축적한 사람들의 삶을 보면 그들은 풍요롭게 숫자를 지배
한다. 시간과 사람, 돈, 물질 등을 자유롭게 선택하고 향유한다. 그들
은 숫자로부터 자유로우며 동시에 숫자를 활용하는 감각이 발달했
다. 이런 의미에서 부의 축적은 숫자와 감각의 시스템이 완비된 것을
의미한다.

부의 축적이 숫자감각과 깊은 관련성이 있는 것을 발견하고 활용
하면서 많은 사람들이 발전했다. 먼저 삶을 살아가는 태도와 자세가
변화했으며 사업 경영 전략이 치밀해지고 마케팅을 비롯하여 사업
을 운영하는 전술도 많이 발전했다. 단순히 숫자를 통한 사고방식만
으로 그렇게 된 것은 아니고, 숫자와 감각을 결합하여 전체적인 시스

템을 만들었기 때문에 가능했다. 실제 부자들을 만나서 인터뷰해 본 결과, 그들만의 시스템이 부를 일구었다는 사실이 너무나 명백하게 나타났다.

반면에 가난한 사람들은 어떨까? 시간과 돈, 인맥, 물질을 비롯한 숫자나 감각에 대해 전혀 문외한인 사람들이 많았다. 시간에 대한 감각은 물론 전반적으로 숫자감각이 약해서 삶에 질서가 없고 사고방식의 체계가 없어서 방향을 제대로 잡지 못했다.

더 심각한 것은 명문대 출신의 학사, 석사, 박사 학위를 받은 사람들 중에 상당수가 가난한 삶을 산다는 것이었다. 그들은 숫자를 알지만 숫자를 통한 사고방식이나 감각을 자기 시스템으로 구축하지 못했다. 그들은 누구 못지않은 수학적 원리와 계산 능력을 갖추고 있었다. 그러나 그들은 알고 있는 것을 행하지 않았고 행하더라도 자신만의 부를 추구할 수 있는 시스템을 만들지 못했다.

숫자감각을 길러 부자가 되려면 숫자에 밝고 활용하는 차원을 넘어야 한다. 부를 축적하는 자신만의 숫자와 감각의 시스템을 구축하고 구조화해야 한다.

부는 숫자감각의 시스템이 결정한다

부는 숫자와 감각의 시스템이 구조화되어 부가가치를 높일 때 창출된다. 부의 시스템을 구축하기 위해서는 어떤 단계가 필요할까? 기본적으로 숫자와 감각의 시스템을 총괄하는 인간의 7가지 의식을 관리해야 한다. 성공에 필요한 7가지 의식은 동서고금을 막론하고 공통적으로 존재했으며 지금도 변함이 없다. 누구에게나 존재하는 7가지 의식은 다음과 같다.

부 축적 시스템을 구축하는 7가지 의식	
목표의식	목표를 숫자로 나타내고 가치를 숫자로 전환한다.
전략의식	전략을 숫자로 나타내고 차별화 한다.
의지의식	의지를 숫자로 나타내고 지속적으로 유지한다.
열정의식	열정을 숫자로 나타내고 규칙성을 중시한다.
활동의식	활동을 숫자로 나타내고 구체적으로 실행한다.
자금의식	자금을 숫자로 나타내고 재무관리를 한다.
인맥의식	인맥을 숫자로 나타내고 네트워크를 확대한다.

부자는 이 7가지 의식을 숫자라는 도구로 관리하고 감각이라는 기술로 발전시켜 7가지 의식 중에서 최소한 5가지 이상이 발달했다. 반면 가난한 사람들은 7가지 의식 자체가 희미하거나 있다고 해도 숫자라는 도구로 관리하거나 활성화시키지 않는다.

숫자감각의 활용법은 이 7가지 의식을 자신만의 숫자와 감각으로 시스템화하여 관리하는 것이다. 7가지 의식을 강화하기 위한 프로그램을 실행하는 방법은 의외로 쉽다. 아침에 일어나면 먼저 기상 시간을 체크하고 의지의식을 다지는 명상을 한다.

그 다음에는 하루의 계획과 목표를 작성하고 전략을 짠다. 작성 시간은 약 10분 정도면 충분하다. 업무가 시작되면 활동량과 인맥을 고려하여 하루 업무계획을 세운다. 저녁에는 자금의 결산과 그날 업무에 대해 기록을 하며 마무리 한다.

매 10분씩, 넉넉하게 하루 30분이면 하루 중의 모든 숫자를 총체적으로 관리할 수 있고 감각을 높일 수 있으며 자신만의 시스템을 구축할 수 있다.

시스템은 기록과 데이터, 측정 분석이 될 수 있어야 한다. 만약 아무런 기록이나 데이터, 측정과 분석, 결산이 없다면 시스템이 없는 것이다. 자신에 대한 아무런 자료 없이 발전을 도모하거나 부를 축적할 수는 없다. 다른 것과 마찬가지로 부의 축적도 시스템에 의한 측정과 분석이 이루어져야 한다. 부자가 되려고 한다면 반드시 시스템을 갖추어야 한다. 숫자에 대해 익숙할 정도로 숫자 훈련을 하고 실전감각을 길러야 한다.

부자의 통장엔 뭔가 특별한 게 있다

부자들의 노트나 통장에는 무엇인가 특별한 것이 있다. 그들은 숫자에 민감하며 모든 숫자에 대한 자세한 내용을 기록한다.

신촌에서 빌딩 임대업을 하는 J씨의 통장을 볼 기회가 있었는데 정말 깜짝 놀랐다. 통장에 빼곡하게 글씨를 써놓거나 표시를 해놓았고 늘 들고 다니는 노트에는 통장의 거래 내역을 자세히 적어놓았다. 왜 이렇게 기록을 하는지 묻자 그는 웃으며 말했다.

"돈 관리는 숫자는 물론 내용이 충실해야 합니다. 숫자와 그 숫자에 따르는 내용이 일치할 때 제대로 관리가 됩니다. 수입과 지출이란 것이 내 마음대로 되는 것이 아니라 상황에 따라 달라질 수 있는데 상황에 맞추려면 정확하게 돈의 숫자와 내용을 알고 있어야 하지 않겠습니까?"

그는 숫자에 끌려다니지 않고 숫자와 감각을 다스리고 있었다. 그래서 자연스레 돈의 흐름을 조절하고 지배할 수 있었다.

숫자에 민감한 부자들의 금융거래와 계좌관리는 보통 사람들과 분명 다르다. 그들은 어떻게 숫자를 관리하고 있을까?

첫째, 그들은 금융상품과 틈새시장을 알고 있거나 찾아다니며 전문가가 된다.

둘째, 숫자를 통해 '금융거래와 계좌관리'를 체크하고 확인하며 신중히 선택한다. 금융상품의 여러 가지 리스크나 수익성, 예외 사항, 조건 변경, 중도해지, 수수료 부담 등을 수치로 조목조목 따져보고 비교해서 파악한다.

셋째, 금융시장이나 국내외 경제동향 등을 예의주시하며 가입한 금융상품의 수익률 변화, 환매(중도해지)나 상품의 운용방법, 변경에 대해서 철저하게 숫자감각을 통해 관리한다.

부자의 숫자감각이 보통 사람과 다른 점은 숫자 관리에 대한 자기만의 노하우가 있다는 점이다. 반면에 가난한 사람들은 심각할 정도로 숫자 관리를 못한다. 많이 번다고 해도 저축을 하지 않거나 조금밖에 하지 않는데 그에 비해 지출은 많다. 기본적으로 숫자를 잘 관리하기 위해서는 숫자에 질서를 부여해야 한다.

부자들의 똑소리나는 계좌관리

1단계

계좌를 질서정연하게 나누어야 한다. 기본적으로 결제계좌와 목적계좌, 투자계좌로 나눈다.

결제계좌	카드결제 및 현금 입출금이 가능한 은행계좌를 의미한다. 급여가 입금되는 통장 등이 여기에 해당한다.
목적계좌	목적이 뚜렷하게 정해져 있는 돈을 미리 예금하는 계좌이다. 목돈 마련이나 어떤 목적을 위한 자금을 적립식으로 마련하기 위해 반드시 따로 구분해야 한다.
투자계좌	장기적으로 재테크를 위해서 적립하는 계좌이다. 자녀의 교육자금이나 노후설계를 비롯한 부동산, 동산 등의 재테크를 위해 준비한다.

수입과 지출을 철저하게 관리하고 잉여자금을 투자자금으로 전환한다. 수입과 지출을 한 계좌를 통해 관리하며 고정비와 생활비를 제외한 잉여자금은 목적계좌 혹은 투자계좌로 모아서 종자돈을 만든다.

투자할 수 있을 정도로 종자돈이 쌓이면 즉시 투자한다. 투자를 할 수 있을 정도의 돈이 모이면 망설이지 말고 투자를 해서 선 투자·후 지출로 재테크가 이루어지도록 한다. 선 투자·후 지출의 구조가 안정이 되면 숫자의 질서가 재편되면서 안정적으로 자산을 형성할 수 있는 토대가 마련된다.

숫자는 질서를 부여한다. 숫자를 통하지 않고는 뇌가 혼란을 일으키거나 작동하지 않기 때문에 제대로 컨트롤할 수 없다. 예를 들어 누구와 만나려면 가장 먼저 숫자를 떠올려야 한다. '언제, 몇 시에'라는 만나는 날짜와 시간이 우선 정해져야 한다. 그런 다음에 장소가 정해지고 약속이 이루어진다. 무슨 일을 하든지 숫자가 우선적으로 관리되어야 감각이 살아나고 일의 실체가 뚜렷하게 드러난다.

세계 최고의 부자인 빌 게이츠는 하버드대학을 중퇴했지만 마이크로소프트를 창업하여 가장 짧은 기간 동안에 막대한 부를 축적했다.

그는 단순한 기업가가 아니라 정보화 시대를 이끌어가는 상징적인 주역으로, 미래를 예측하고 현실에서 실현하는 사상가인 동시에 행동가이다. 그는 자신의 위대한 능력을 유감없이 발휘하고 있다. 무엇이 그를 그토록 대단한 성공으로 이끌었을까?

빌 게이츠가 천재, 세계 최고의 갑부라는 칭송을 받은 까닭은 탁월한 숫자감각에 기인한다. 그는 탁월한 숫자감각으로 0과 1의 연산인 2진법 원리를 이용하여 컴퓨터의 운영체계를 표현했다. 2진법 원리는 컴퓨터뿐만 아니라 휴대폰의 운영체계, 데이터, 그래픽의 소스에도 표현되고 있다.

그는 일찍부터 숫자 과학의 최고 기기인 컴퓨터에 관심을 가져 13세부터 프로그래밍을 시작했다. 처음 소프트웨어 프로그램을 개발한 것은 삼목놀이를 하기 위한 것이었다고 한다. 또한 그는 뛰어난 수학 실력을 가지고 있다. 그는 수학을 매우 좋아했으며 수학경시대회(SAT)에서 800점 만점을 기록하기도 했다. 빌 게이츠와 친구인 스티브 발머 현 마이크로소프트 사장 역시 수학에 매우 뛰어났는데, 그 두 사람은 전미수학경시대회에서 1, 2등을 다툴 정도였다.

그의 수학적 재능은 사업에서도 정확한 정보와 수치에 대한 감각으로 나타났다. 그는 타고난 수학적 재능으로 컴퓨터 사업을 이끌었고, 뛰어난 감각으로 아날로그에서 디지털로의 획기적인 변화와 발전을 이끌었다. 저서 《생각의 속도》에서 그는 정보의 중요성을 강조하고 있다.

"나에게는 단순하지만 강한 믿음이 있다. 정보를 탁월하게 이용하는 것이 경쟁사로

부터 자기 회사를 차별화하는 가장 의미 있는 방법인 동시에 일반 대중과 자신의 거리를 벌리는 최선이라는 믿음이다. 정보를 어떻게 수집하고 관리하며 이용하는가에 따라 성패가 결정된다는 의미이다."

실제 그의 책을 보면 온갖 수치들로 가득 차 있다. 범세계적인 표준화를 이끌어가는 그가 숫자감각으로 세계를 이끌어가는 것은 어쩌면 너무나 당연한 일이다.

2진법의 컴퓨터를 통한 세계 최고의 갑부

빌 게이츠는 2진법의 세계를 통일했다. 0과 1을 단위로 정보가 처리되는 8비트 마이크로프로세서를 만들어 개인용 컴퓨터의 대중화에 성공했다. 2진법의 원리로 만들어진 개인용 컴퓨터의 시대를 화려하게 연 것이다. 그는 컴퓨터 운영체계인 도스에서 윈도우까지 세계 컴퓨터 시장의 표준화에 성공했으며 사업에 있어서도 업무와 관련된 각종 수치를 철저하게 파악하는 것을 기본적인 상식으로 규정했다. 그는 명확하게 수치로 표현된 자료의 중요성을 강조했다.

"기업은 사업을 수행하는 모든 단계와 고객과 접촉하는 모든 단계에서 최대한의 자료를 수집해야 한다. 물론 협력사와 접촉하는 모든 단계에서도 마찬가지이다. 그리고

나서 그 자료들이 무엇을 의미하는지를 파악해야 한다. 이는 오로지 사업의 손익계산서만을 염두에 두라는 것이 아니다. 사업 수행 과정에서 발생하는 모든 상황을 객관적으로 이해해야 한다는 의미이다."

그는 "나는 사업이란 아주 단순한 것이라고 생각한다. 이익과 손실, 그것뿐이다. 판매를 통해 거둔 수익에서 비용을 빼고 나면 엄청난 숫자의 이익이 남는다. 숫자에는 절대로 속임수가 없다"라며 사업과 숫자에 대한 명쾌한 정의를 내리기도 했다. 이런 숫자에 대한 믿음이 오늘날 그를 만든 원동력이라고 할 수 있다.

마이크로소프트는 1975년 창업한 이래, 1986년 3월 13일에 주당 21달러의 가격으로 내부 주식을 공개했는데, 며칠 안에 그 주식은 35달러 50센트로 치솟았고 주가가 90달러 75센트가 되자 빌 게이츠는 역사상 가장 젊은 나이에 억만장자가 되었다. 1998년 1월, 마이크로소프트는 주식이 상장된 이후로 7번째 주식분할을 했는데, 처음 주식 상장에서 투자된 1만 달러는 2억 400만 달러의 가치로 평가되었다. 그 결과 빌 게이츠는 1,200명 이상의 마이크로소프트 직원을 백만장자로 만들었다. 숫자의 세계에서 정보통신의 혁명을 이끌어냈고 마침내 숫자의 왕국을 이룩한 것이다.

3장

부자를 만드는 감각을 키워라

HOW TO
GET RICH

숫자로 감각을 단련하라

감각은 생존의 필수 도구이다. 우리의 일상을 지배하며 움직이는 것은 감각이고 숫자는 감각에 질서를 부여한다.

감각은 숫자보다 훨씬 빠르게 반응한다. 감각이 살아나야 숫자가 살아난다. 그러나 감각은 있지만 숫자가 없다면 질서가 없어져 혼란스러워진다. 아무리 뛰어난 감각도 숫자의 질서를 통해서만 의미를 지닌다. 감각은 변화가 많고 형체가 없기 때문에 숫자를 통하지 않고는 제대로 컨트롤할 수가 없다. 그런데도 여전히 많은 사람들이 숫자를 싫어하거나 피하고 있다.

특히 우리나라 사람들은 숫자를 매우 부정적인 의미로 대한다. 숫자에만 밝은 사람은 계산적이고 얌체라며 싫어한다. 물론 숫자에만 밝은 사람은 자기 중심의 계산에 밝아서 자신도 모르게 타인과의 교류에서 문제를 일으킬 수 있다. 감각이 없는 숫자는 맹목적인 계산과 실리 추구로 흐를 가능성이 많기 때문이다. 숫자의 바탕에 감각이라는 인간적인 면이 깔려 있어야 비즈니스가 쉽고 명쾌해진다. 숫자는 감각을 구체화하고 질서를 유지하며 아이템을 창출할 수 있는 원리를 제공한다. 감각을 아이템으로 발전시키려면 반드시 숫자로 질서를 부여해 구체적으로 형상화해야 한다. 그러므로 감각이 깨어나고 숫자가 질서를 부여해야만 숫자와 감각이 결합될 수 있고 이를 제대로 활용할 수 있다.

기계설비 분야에서 탁월한 숫자감각으로 성공을 거둔 T사장은 숫자와 감각의 관계를 이렇게 표현했다.

"숫자개념은 복잡한 기계설비나 건축을 하는 기술자에게는 매우 도움이 됩니다. 하지만 사업에서는 다릅니다. 사업에서는 숫자보다 감각이 우선시 되어야 합니다. 감각이 활성화되고 숫자의 질서가 잘 유지되어야 성공할 수 있습니다. 숫자는 감각과 별개의 것이 아닙니다. 사업은 감각을 먼저 일깨워 숫자와 조화를 이루도록 해야 합니다. 감각 속에 숫자가 있어야만 감각적 능력을 최대화할 수 있기 때문입니다."

이는 일본인의 숫자감각을 보면 더 잘 알 수 있다. 세계적으로 '경제동물'이라고 일컬어지는 일본인은 숫자에 유독 강하다. 숫자에 관한 책도 많고 심지어 숫자에 관한 영화도 있다. 그러나 그들은 숫자에 치우치지 않고 감각을 일깨워 숫자를 활용한다. 일본 영화 〈박사가 사랑한 수식〉을 보면 예민한 감각을 일깨워 숫자를 일상생활에 적용함을 알 수 있다. 그들은 숫자는 증명이고 진실이라는 것을 감각적으로 일깨우며 삶 속에서 자연스럽게 사용한다.

그들이 만든 제품은 또 어떠한가? 매우 감각적인 제품이 많다. 감각을 활성화하고 숫자에 대한 질서를 부여하여 정교한 제품을 만들어낸다.

우리나라 사람들 역시 일본인들 못지않게 경제동물이 되고 있다. 숫자감각의 제국인 삼성은 감각적인 제품과 철저한 숫자 관리로 확실한 숫자감각의 경영을 펼치고 있다. 감각적인 디자인 혁명을 바탕으로 뛰어난 숫자의 기술력을 발휘하여 세계적인 기업으로 뻗어나가고 있다.

감각 훈련이 숫자를 살린다

숫자가 없는 감각은 기억되지 못하거나 의미를 잃어버리기 쉽다. 감각은 숫자의 뒷받침이 없으면 구체화될 수 없다. 만약 추억을 되살릴 때 언제라는 숫자를 떠올린다면 기억이 구체화되고 당시의 감각이 살아난다. 감각과 숫자는 필수적으로 공존하는 체제이기 때문에 숫자에 강해지려면 감각도 강화되어야 한다.

사업을 잘하는 사람에게 대개 "뛰어난 사업감각을 지니고 있다"고 하며 "관리 감각이 탁월하다"고 표현한다. 모든 전문화된 분야에 감각이 필수적으로 따라붙는 이유는 감각이란 단순히 타고난 것이 아니라 훈련으로 키워지는 것이기 때문이다.

숫자만 중요한 것이 아니다. 다시 한 번 강조하지만 숫자에만 의지해서 계산하는 것은 의미가 없다. 숫자는 반드시 감각을 동반해야 활용의 가치가 있다.

다이어트도 숫자로 관리하라

1. 시간

시간 감각을 훈련하는 가장 좋은 방법은 시간을 기록하는 것이다. 자신의 일상에서 벌어지는 상황과 집중적으로 일하는 데 쓴 시간을 기록하면 시간에 대한 감각을 매우 효과적으로 기를 수 있다.

2. 신체 변화

신체 변화 중 수치로 뚜렷하게 나타나는 것은 몸무게와 시력, 근력이다. 특히 다이어트를 하거나 몸짱 프로그램으로 훈련하는 사람은 자기 몸의 변화를 감각적으로 느끼면서 몸무게, 시력, 근력 등의 신체지수를 숫자로 관리하는 것이 좋다. 이를 통해 숫자감각을 효과적으로 익힐 수 있다.

3. 온도

추위와 더위에 대한 감각은 저절로 느끼는 것이다. 하지만 추상적인 것보다는 미리 일기예보를 보고 바람의 세기와 온도를 파악하는 것이 좋다. 정확한 숫자를 통해서 추위나 더위에 맞게 감각적으로 준비하여 외출하거나 활동하면 숫자감각을 키울 수 있다.

4. 의식주

아침에 옷을 갈아입을 때 옷의 디자인을 숫자로 생각해 보라. 옷의 색깔이나 단추의 수, 치수, 대칭상태 등을 생각한다. 음식을 먹을 때도 먹을 양을 숫자로 인지하고, 집의 구조나 인테리어도 감각과 숫자를 통해 알아보는 것이 도움이 된다.

5. 쇼핑

특유의 감각과 숫자개념을 통해 지하철 정액권, 각종 상품권과 백화점 세일, 멤버십 등의 할인율과 보너스를 확인하라. 숫자감각으로 인터넷 사이트의 이벤트를 살펴보면 도움되는 것이 많다. 한 증권회사는 인터넷 고객에게 컴퓨터 바이러스 치료 프로그램을 홈페이지에서 무료로 다운받을 수 있게 한다. 또 어느 사이트에서는 항공권도 5~30퍼센트까지 싸게 구입할 수 있다. 감각과 숫자를 적절히 활용하면 저렴하게 쇼핑을 할 수 있고 유익한 시간을 보낼 수 있다.

6. 이자율과 투자수익

부자들은 이자율과 투자수익에 대해 민감하고 특유의 숫자감각으로 유리하고 편리한 쪽을 선택한다. 통장을 하나 개설할 때도 이런 부분에 관심을 가져보라. 일상에서 조금만 신경을 기울이면 얼마든지 훈련할 수 있는 영역이며 그러한 훈련을 통해 남보다 한 발 앞서 이득을 볼 수 있다.

감정을 예금하는 감정은행

감정에도 셀 수 있는 숫자가 들어 있다. 측정하기는 어렵지만 분명히 감정은 다양한 모습과 상태의 숫자로 나타난다. 인간이 어떤 대상을 향해 감정을 지닐 때 선호도와 감정 상태는 각기 다르다. 그런 경우, 형용사로 표현하지만 더욱 구체적인 것은 숫자이다. 감정의 숫자 기복이 심할 때는 돈과 물질 등의 다른 요소와 결합되어 감정이 매우 복잡한 상태이다. 사랑이란 감정에 대해 한 작가는 다이아몬드의 가치로 표현할 수 있다고 말했다.

"사랑한다면 최소한 다이아몬드 반지는 선물할 수 있어야 해요. 사람들은 감정만 앞세우지만 그건 돈이나 시간, 물질로 셀 수도 없는 것이고 가치를 알 수도 없는 거잖아요. 하지만 다이아몬드는 영원한 것을 의미해요. 많은 시간을 투자하여 세공한 명품이고 그만큼 가치 있는 것입니다. 감정은 그 정도의 가치가 있는 거죠."

많은 사람들이 황금 만능주의를 경계하고 물질적 가치보다는 정신적 가치를 중요시한다. 하지만 물질과 정신은 동등한 것이다. 다이아몬드를 선물할 수 있는 사람의 사랑은 감정은행의 예치금으로 따져보면 매우 부자이다. 감정도 여러 가지 숫자가 들어 있기 때문에 잠시만 생각해도 감정의 숫자를 셀 수 있다.

감정과 숫자감각의 관계를 은행에 비유할 수 있다. 감정은행의 예금과 부채율, 예치금, 정기적금 등의 개념으로 전환해서 생각할 수 있다는 것이다.

예를 들어 "실망했어"라고 말하는 것보다 감정을 숫자로 전환해서 얼마만큼 실망했는지 인식시키고 오해를 푸는 것이 낫다. 자신에게 실망을 안겨준 사람을 만나면 숫자로 알려준다. 단순히 감정적으로 "야, 나 너에게 실망했어"라고 말하면 상대는 어느 정도인지도 모르고 상처를 받는다. 특히 상사가 부하직원한테 그렇게 말하면 부하직원은 '찍혔구나. 이제 끝이군'이라며 심각하게 받아들일 수 있다.

하지만 그런 경우 "너의 실수로 인해 감정은행에 네가 3년간 저금한 금액의 상당부분이 인출되었어. 예치금이 얼마 남지 않았어. 약 50퍼센트 정도 감정이 줄어들었어"라고 표현하면 어떨까? 그러면 상대방도 인정하면서 사과하고, 또 감정은행에 잔고가 있음을 알고 기대치가 남아 있음에 안심할 것이다.

사업상의 감정 대립이나 직원과의 갈등, 부부싸움 등을 풀 때도 감정은행에서의 인출로 생각하면 매우 효과적이다. 감정은 보이는 것이나 행동하는 것을 비롯하여 말하는 시간, 상태, 여러 환경적 조건을 포함한다. 예를 들어 싸운 지 이틀이 지나 표정이 어느 정도 풀려 있고, 태도가 평상시와 같으면 갈등이 어느 정도 해소되었는지 알 수 있다. 이것이 바로 감정의 수치가 외적으로 나타난 것이다.

시간과 표정, 말씨 등을 포함한 숫자감각으로 언제 화해할지를 예측할 수 있고 타협과 협상의 타이밍을 잡을 수 있다. 갈등의 해소에

도 "51퍼센트 해소되었어"라고 하면 이해가 빠르다. "어느 정도 해
소되었어" 혹은 "많이 해소되었어" 등은 사람마다 정도의 기준이 달
라 가늠하기가 어렵다.

심한 부부싸움을 한 상태에서 숫자는 매우 도움이 된다. 남편이 아
내에게 "난 90퍼센트 해소되었어"라고 화해를 시도하는데 아내가
"난 80퍼센트가 남아 있어"라고 한다면 남편은 아내의 화가 난 정도
를 알 수 있다. 그래서 아내를 위해 더 많은 노력을 하며 감정의 숫자
를 조절해 나갈 수 있다.

감정에 대한 숫자감각은 타인을 야단치거나 칭찬할 때에도 매우
도움이 된다. 칭찬을 하면 감정은행의 예치금이 쌓이는 것이고 야단
을 칠 경우에는 인출이 되는 것이다.

부자들은 감정은행에 예치금이 아주 많다. 흔히 사업을 하는 사람
은 운이 있어야 한다고 하는데 이 말은 도움을 주는 사람이 많다는
것이다. 다른 말로 하면 많은 사람들과 네트워크를 공유하며 도움을
주고받아 감정은행에 엄청난 예치금이 있다는 것이다.

부자는 어떻게 트렌드를 읽을까?

대중적인 감각은 일정한 트렌드가 있다. 모든 감각에는 나름대로의 트렌드가 있지만 그것이 언제, 어떻게 변화할지는 알 수 없다. 트렌드는 경향, 흐름으로서 감각이 지향하는 방향을 제시해 준다.

트렌드를 예측하거나 이끌어가는 것은 전문가의 감각이 살아 있지 않으면 힘들다. 기본적인 트렌드는 통계적 흐름을 통해 알 수 있지만 트렌드를 미리 예측하거나 주도하는 것은 여간 어려운 일이 아니다. 타고난 감각이 있다고 해도 지식과 경험이 오랜 기간 축적되어야 트렌드를 분석하는 감각을 얻을 수 있다. 그래서 트렌드를 분석하는 감각이 있는 사람은 부자가 될 수 있는 자질을 갖추었다고 할 수 있다.

부자들은 트렌드 분석력이 강하다. 사업을 비롯해서 부를 축적하는 과정에서 절대로 빠질 수 없는 것이 감각과 트렌드이다.

부자들은 대개 숫자에 의한 평균적 사고, 통계적 사고, 확률적 사고에 능하다. 이런 사고를 통해 트렌드 분석 감각을 높인다. 무역업을 하는 K사장은 트렌드 분석에 대한 감각을 매우 중요시하며 트렌드를 분석하는 것이 사업의 핵심이라고 강조한다. 그는 사업에 있어 고객, 자금, 제품, 시장을 비롯한 여러 요소들을 총체적으로 이끌기 위해서는 트렌드 분석이 되어야 하며, 감각이 살아 있다는 것은 트렌드를 제대로 파악했다는 의미와 같다고 말한다.

그는 트렌드를 분석하기 위해 매일 주요 신문과 주간지, 월간지를 빠짐없이 읽고 중요한 통계수치나 확률까지도 빠르게 계산한다. 단지 많이 본다고 해서 감각이 살아나는 것은 아니며 감각은 숫자가 동반되어야 빨리 이해하고 구체화할 수 있다. 숫자를 통해 감각이 다듬어질 수 있고 트렌드 분석도 용이하게 할 수 있다는 것이다.

결국 구체적으로 트렌드를 파악하는 것은 숫자이다. 통계적 수치나 확률적 수치를 비롯한 평균적 숫자감각을 지니고 있어야 트렌드를 알 수 있다.

감각도 타이밍이다

남성이 여성에게 가장 잘 어필하는 경우는 기본적인 감각, 센스와 매너가 뛰어날 때라고 한다. 둘 다 기본적인 것이지만 매너는 충분조

건인 데 반해, 센스는 필요조건이다. 센스는 상대가 필요로 하는 것을 적절하게 줄 수 있으며 자신도 절제의 미를 유지할 수 있는 감각이다. 센스를 우리말로 하면 눈치, 코치라고 할 수 있다. 눈치는 눈으로 보는 느낌이고 코치는 코로 냄새 맡는 느낌이지만 사실상 숫자로 셀 수 있는 실체를 느끼는 것을 의미한다.

센스, 즉 감각은 절제된 숫자를 통해 나타난다. 고도로 절제된 숫자의 흐름을 감각적으로 처리하여 적절한 타이밍에 언어, 행동, 질량감이 조화를 이뤄야 발현된다. 말이 많고 행동이 방정맞은 사람을 깊이가 없고 가벼운 사람이라고 한다. 가볍다는 말은 숫자로 셀 수 없는 개념이지만 질량감이 없다는 뜻이다. 이것은 상대를 볼 때 무의식적으로 숫자의 개념을 적용한 것이다.

언어와 행위도 숫자로 나타나기 때문에 사업에 있어서도 감각은 절대적으로 요구된다. 성공적인 사업가들은 사업감각이 남다를 뿐만 아니라 매우 인간적이며 마인드가 열려 있다. 그들은 대개 성실하게 숫자를 관리하며, 감각적으로 열려 있어서 센스와 매너가 보통 사람들보다 훨씬 뛰어나다.

하지만 일반적으로 부자들에 대한 이미지는 부정적이다. 1980년대 이전의 부자는 대개 고리대금업을 중심으로 부를 축적하여 자린고비, 냉혈한으로 이미지가 굳어졌기 때문이다. 조선시대의 부자들도 마찬가지였다. 대지주는 소작농이나 빈농들에게 돈이나 양식을 빌려주면서 담보로 땅이나 인력을 잡았다. 그것은 토지나 인력을 매개로 한 고리대금업이었다. 땅을 빼앗기고 일꾼이나 종이 된 사람들의 관점에서 부자들이 곱게 보였을리가 없다.

　그러나 요즘의 부자들은 다르다. 매너가 좋고, 센스 있고, 인간적이며 매우 성숙한 인격을 가졌다. 그들은 적절한 타이밍을 알고 질량에 대한 배분을 한다. 즉 알맞은 타이밍에 투자를 하고 투자액의 질량을 적절하게 조절하여 큰 수익을 얻는다.

　실제 어떤 분야의 전문가든 숫자의 개념과 감각적 훈련이 잘되어 있다. 그들은 수없이 많은 실패의 경험을 통해 숫자와 감각의 훈련을 거치며 자신만의 노하우를 익혀 마침내 성공의 숫자를 성취하기 때문이다.

숨어 있는 허수, 감각으로 찾아라

숫자감각이 예리하게 다듬어지면 허수가 보인다. 허수는 정체가 드러나지 않아 읽기가 어렵고 잘 놓치거나 혹은 미래에 다가올 숫자이다. 주식, 부동산, 사업 등 경제·경영 관련 분야에는 모두 허수가 깔려 있다.

숫자를 익혀야 할 진정한 이유는 허수를 예측할 수 있는 감각이 필요하기 때문이다. 하지만 애써 허수를 찾을 필요는 없다. 실수(실재하는 수)가 확실하면 허수는 충실하게 알 수 있기 때문이다.

부자가 되는 비법은 허수에 있다. 현실에 아직 드러나지 않은 허수는 무한하다는 것을 알고 "허수가 실수를 구축한다"는 원리에 따르면, 부의 방향과 방법을 찾을 수 있다. 즉 아직 드러나지 않은 숫자(허수)에 대한 감각을 고도로 발달시키면 드러나는 숫자(실수)를 무한히 증대시킬 수 있는 것이다. 그렇기 때문에 숫자감각이 살아나면 부자가 될 수 있는 기회는 무한하다.

숫자의 관점에서 주변을 돌아보면, 우리가 놓치고 있는 숫자들이 정말 많음을 알게 된다. 무심코 놓치고 있는 숫자만 찾아도 빠르게 부자가 될 수 있다. 살아오면서 얼마나 많은 시간을 놓치고 사람이나 돈, 업무 등의 숫자를 놓쳤는지 생각해 보라.

자수성가한 미국의 백만장자들은 일주일에 평균 40시간 이상 투자한다고 한다. 브라이언 트레이시가 그들의 시간을 통계적으로 분석한 결과 평균 59시간이었다. 그들은 속도라는 시간의 숫자를 빠르게 회전시키고 강도 높은 집중력의 감각으로 부를 성취했다.

일주일에 59시간을 열심히 일할 경우, 일주일의 평균 근로시간인 40시간을 기준으로 보면 허수는 19시간이 된다. 숨어 있는 허수인 19시간을 살려낼 수 있는 것이다. 물론 평균적인 시간 동안만 일을 해도 허수는 분명히 나타난다. 일에 집중한 시간의 속도와 밀도의 창조성과 생산성에 따라 성과와 능률은 확실히 달라진다.

59시간을 일했다고 해도 얼마나 실제적인 숫자를 활용했는가에 따라 결과는 달라진다. 허수에서 실수를 찾아내지 못하면 성과는 올릴 수 없다.

다시 말해 허수를 제대로 찾아내려면 실수를 최대한 충실하게 살려내야 한다는 것이다. 허수가 실수를 구축하는 것과 마찬가지로 실수가 허수를 찾아낸다.

기적을 만드는 허수

허수를 찾기 위해서는 부단한 훈련이 필요하다. 브레인스토밍으로 끊임없이 허수를 찾아서 실수로 충원해야 한다. 그렇게 계속하다 보면 성공으로 이르는 길을 찾을 수 있다.

1. 1년 내로 수입을 2~3배로 올릴 수 있는 감각과 숫자를 찾아보라.

- 주식투자를 한다.
- 퇴근 후에 컴퓨터와 관련된 다른 일을 하나 더 한다.
- 아르바이트로 음식점에서 서빙을 한다.

이런 식으로 대개 1~5가지는 비교적 쉽게 찾을 수 있다. 그러나 6번째부터 머리에 쥐가 나기 시작하며 마침내 10번째가 지나면 막혀버린다. 하지만 최소한 30가지 정도는 찾아야 한다. 단 억지로 숫자를 채워넣기 위해 감각도 없는 방법을 기록해서는 안 된다. 실현 가능성이 있고 자신이 반드시 실행할 수 있는 방법만 기록해야 한다. 숫자와 감각을 다 채우고 찾았다면 그중에서 실현 가능한 방법 3가지를 엄선하여 실천하라.

2. 3년 내로 이룰 수 있는 목표를 기록하고 목표 달성을 위한 방법을 찾아라.

최소한 실현 가능한 방법 100가지는 찾아야 한다. 하루 만에 그것을 다 찾으려고 하지 말고 한 달이 걸리더라도 틈틈이 생각하고 방법을 떠올려 기록하라. 숫자와 감각을 다 채우고 찾았다면 그중에 실현 가능한 방법 3가지를 엄선하여 실천하라.

3. 10년 내로 이룰 수 있는 목표를 기록하고 목표 달성을 위한 방법을 찾아라.

3년은 10년의 큰 목표를 달성하기 위해서 반드시 거쳐야 하는 작은 목표이다. 정상을 향한 베이스캠프라고 할 수 있다. 그렇기 때문에 3년의 목표 달성 방법을 잘 찾으면 10년의 목표 달성 방법도 잘 찾을 수 있다. 숫자와 감각을 다 채우고 찾았다면 마찬가지로 그중에 실현 가능한 방법 3가지를 엄선하여 실천하라. 10년 목표의 방법론도 최소한 1년 동안 꾸준히 고민하고 생각하여 100가지 정도 찾아보라.

허수를 찾는 숫자감각 훈련에서 가장 중요한 것은 성공의 최대공약수를 찾는 것이다. 반드시 실현 가능성이 있고 자신이 누구보다 잘할 수 있으며 실천할 수 있는 것을 찾아야 한다. 통계적으로 보면, 자수성가한 부자들은 모두 나름대로 허수를 찾는 숫자감각을 지니고 있다. 그들은 수없이 많은 시행착오와 실패를 겪으며 배우고, 새로운 학습을 통해 숨어 있는 허수를 찾아냈다. 그런 방법을 꾸준히 실천하여 부를 축적한 것이다.

허수의 가능성은 무한하다. 숨어 있는 숫자를 찾아내고 감각을 실행하면 반드시 기적 같은 일이 찾아올 것이다. 잠자고 있는 잠재력을 끌어올려 성공의 허수를 현실적인 실수로 나타나게 하라.

일상생활에서 반복적으로 고정된 수를 사용하면 수에 대한 감각을 가지게 된다. 자신만이 규칙적으로 사용하는 수에 대해서는 부지불식간에 직감이 생겨나기 마련이다.

매일 아침 4시 59분에 일어나는 S사장은 하루에 남보다 평균적으로 3시간을 더 벌기 위해 그 수를 지킨다고 한다. 그에게 있어 4시 59분은 4시의 시간대이다. 단 1분 일찍 일어남으로써 5시가 되지 않게 하는 것이다. 처음 그는 그 시간을 지키기 위해서 철저하게 수면시간을 조절하고 3개의 자명종을 1미터 간격으로 놓아두고 일어났다. 그런 과정이 거듭되면서 지금은 그 시간에 자연스럽게 일어난다. 그리고 직감적으로 제대로 일어났는지, 늦잠을 잤는지를 알 수 있다고 한다.

숫자는 훈련 여부에 따라 직감으로 느낄 수 있으며 더욱 깊이 이해하고 다듬으면 숫자를 직관할 수 있다. 직감과 직관이 다른 점은 직감은 감각만으로 느낄 수 있는 것이지만 직관은 생각의 기술이 발달하여 본질적인 이치를 파악해야 하는 것이라는 점이다. 즉 직관은 문제를 보자마자 해결의 실마리나 과정을 단숨에 볼 수 있는 능력이다. 복잡하게 계산하거나 다양한 논리적 근거를 듣지 않고도 곧장 문제의 본질을 파악하는 능력을 직관이라고 한다. 직관은 다양한 사물의 특성을 철저하게 분석하고 깊이 생각하며 훈련해야 체득할 수 있다. 달리 말하면 생각의 기술이 매우 전문화된 사람에게서 찾아볼 수 있는 능력이다. 직감의 감(感)이 느낌이라면 직관의 관(觀)은 자세히 보고 이해한다는 뜻이다. 화물운송업을 하는 H사장은 직관에 대해서 이렇게 말했다.

"20년 가까이 사업을 하며 수익과 지출을 비롯한 복잡한 숫자전쟁을 벌이다 보니, 저절로 숫자만 보면 직관이 작용합니다. 직원들을 보기만 해도 무슨 생각을 하는지 알 수 있는 것처럼 숫자는 일정한 규칙이 있어서 빨리 직관할 수 있습니다. 가끔씩은 경리부 직원이 어떻게 대략 훑어보고도 그렇게 잘 아는지 신기하다면서 놀랍니다. 반복적으로 특정한 숫자를 다루면 그 정도는 기본이죠."

그는 거래처나 세무회계 사무소에 가면 환영을 받는다고 했다. 정확하게 업무를 처리해 주고 필요한 자료를 제출하는 등의 일처리가 깔끔하기 때문이다.

대개 부자들은 숫자감각은 물론 직관이 발달했다. 숫자를 세밀히 따지지 않고도 흐름을 파악하고 빠르게 업무를 추진하며 예측력도 뛰어나다. 이는 타고난 능력 때문이 아니라 수년 동안 훈련을 거쳐 직관을 길렀기 때문이다.

구조화된 지식과 경험들이 뇌 속에서 빠르게 전산처리되면서 직관을 만들어낸다. 직관을 이용하여 정확하게 돈을 관리하는 사람과 대충 관리하는 사람의 차이가 빈부로 나타나는 것이다.

생각을 구체화하는 기호와 상징

숫자에는 여러 가지 기호가 있다. 0, 1, 2, 3, 4, 5, 6, 7, 8, 9와 $+$, $-$, $\times$, $\div$, $\pm$, $=$ 등 다양한 기호와 상징이 있다. 왜 숫자는 기호와 상징을 통해서 나타날까? 일단 숫자에 있어 기호와 상징은 생각과 감각을 구체화하는 기능을 지닌다. 숫자의 특징은 다음과 같다.

1. 정확하게 시간과 질량을 나타낼 수 있다.
2. 복잡한 것을 간단하게 정리해서 나타낼 수 있다.
3. 동일한 것을 반복적으로 되풀이하지 않아도 된다.
4. 기록을 명쾌하게 할 수 있다.
5. 실재하는 숫자를 명확하게 전달할 수 있다.

이처럼 기호와 상징은 생각을 구체화하고 정리할 수 있게 한다. 생각과 감각으로 남아 있는 것을 이해할 수 있으며 공유할 수 있고 규칙성과 반복성의 원리를 알 수 있게 한다. 그러므로 숫자의 기본적인 기

호와 상징을 통해서 생각을 하고 그 생각들을 다시 숫자의 기호와 상
징으로 호환할 수 있도록 해야 한다.

어림짐작이라는 말이 있다. 정확하게 모르는 것을 어렴풋이 짐작
한다는 뜻이다. 하지만 부자는 절대로 어림짐작하지 않는다. 숫자는
한치의 어긋남도 없이 질서 있게 돌아가고 있으며 부의 흐름도 마찬
가지이다. 부를 축적하는 과정이 숫자감각을 통해서 이루어지는 이
유는 질서와 조화가 있어야만 모든 것이 안정을 찾기 때문이다.

직관을 강화하려면 구구단을 외워라

가장 빠르고 효과적으로 숫자에 대한 직관을 강화하는 방법은 속
셈 능력을 키우는 것이다. 구구단을 외우는 것만으로도 계산할 때 매
우 편리해지고 구구단보다는 19단을 외우는 것이 좋다. 가능하면 29
단까지 외우는 것이 더욱 효과적이다.

기초적인 숫자개념이나 원리는 구구단을 외우는 것만으로도 충분
하지만 숫자와 친해지고 빠르게 계산하기 위해 29단을 외워라. 매일
아침 5분간 11단부터 29단까지를 소리내어 읽어라. 처음부터 외우려
고 하지 말고 반복적으로 읽다 보면 어느 순간 암기가 된다. 이처럼
29단을 외우면 숫자에 대한 이치가 터지며, 수에 대한 친숙함이 생겨
직관이 작용하게 된다.

숫자경영의 귀재

– 살아 있는 경영의 신, 이나모리 가즈오

일본인들은 특유의 경제감각으로 아시아 국가 중 가장 빠르게 세계 시장을 석권하여 세계 경제를 움직이고 있다. 일본인은 어떻게 제2차 세계대전의 패배를 딛고 빠르게 세계 시장을 개척할 수 있었을까?

먼저 일본인은 집단문화가 발달했고 질서와 체계를 중시하는 의식을 지니고 있기 때문에 환경적으로 숫자감각이 발달되어 있다는 점을 들 수 있다.

일본인의 숫자감각은 기업 경영에 있어서도 두각을 나타낸다. 일본 기업 중 숫자경영의 귀재로 이나모리 가즈오 교세라 명예회장을 꼽을 수 있다. 그는 우리나라에서는 우장춘 박사의 사위로 더 잘 알려져 있지만 일본 재계에선 '살아 있는 경영의 신'이라 불리며 무에서 유를 창조한 기업가 정신의 표본으로 추앙받고 있다. 1959년 설립 당시 교세라 직원은 통틀어 9명이었고, 창업 자금이 없어 300만 엔을 마련해 겨우 회사를 세웠다. 그러나 맨손으로 창업한 지 16년이 지난 1975년, 소니를 제치고 일본 최고의 주가를 기록하며 초일류 기업이 되었다.

이나모리 가즈오 교세라 명예회장의 경영 비법은 조직과 생산성에 대한 숫자감각이다. 그는 경영을 비행기 조종에 비유하여 회계 데이터는 경영이라는 조종석에 있는 계기판의 수치와도 같다며 회계의 중요성을 강조했다.

"매출 위주의 적극적인 공격경영도 좋지만 얼마를 팔아 얼마를 남기느냐는 아주 중요하고 현실적인 문제입니다. 경영인은 회계적인 사고를 가지고 모든 결정을 할 때 이익을 남기기 위해 노력해야 합니다. 중소기업이 건전하게 성장하기 위해서는 경영 상태를 일목요연하게 보여주는 회계 시스템을 구축하고 이를 위해서는 경영자가 회계를 먼저 이해해야 합니다."

그는 자신의 성공은 이처럼 냉철하게 기업 경영의 가장 중요한 숫자를 정확하게 판단할 줄 아는 능력에서 비롯되었다고 했다.

숫자와 회계 중심의 경영철학

그의 숫자감각은 회계 시스템에 정확히 적용된다. 그뿐 아니라 그는 숫자 중심의 경영철학을 가지고 있다.

이나모리의 핵심은 아메바경영과 시간당 매출액 평가 방식이다. 아메바경영은 끊임없이 세포 분열을 하는 아메바처럼 신축적인 소조직(통상 10명에서 20명 정도로 동질성을 지닌 최소 인원으로 이루어진 조직)을 사내에 만들어 독립채산제로 운영하며 상호경쟁을 유발하는 방식이다. 시간당 매출액 평가 방식은 소조직으로 편성된 조직원들의 개별 매출액을 시간당으로 산출, 평가하는 방식이다. 이러한 방식에서 알 수 있듯 그의 경영철학에는 측정 가능한 숫자가 분명히 나타난다. 그는 회계경영을 수행함에 있어 회계 시스템의 중요성을 강조했다.

"회계 시스템을 철저히 하는 것은 부정을 방지할 뿐 아니라 기업의 건전한 발전을 위해 필요불가결한 것이기 때문입니다. 올바른 회계 시스템이 없으면 훌륭한 기술력과 충분한 자금이 아무리 많아도 기업을 지속적으로 성장시킬 수 없습니다. 경영의 기본은 회계이며 회계를 모르면 참된 경영자가 될 수 없습니다."

숫자에 강해야 성공할 수 있으며 회계를 모르고 숫자에 둔감하면 경영자가 될 자질이 없다는 것이다. 숫자에 대한 감각이 매우 뛰어났던 그는 자신의 숫사에 대한 감각을 이렇게 말했다.

"나는 어찌된 일인지 진지하게 자료를 살피고 있으면 숫자 사이의 모순이나 수상한 숫자가 금방 눈에 띈다. 정

신을 집중하다 보면, 아무리 급하게 훑어보아도 잘못된 숫자나 문제가 있는 숫자는 시야에 잡힌다."

이나모리 회장의 경영방식에는 어김없이 숫자가 깔려 있다. 그는 뛰어난 숫자감각으로 교세라를 세계적인 기업으로 성장시켰다.

신을 집중하다 보면, 아무리 급하게 훑어보아도 잘못된 숫자나 문제가 있는 숫자는 시

부자의 실전 재테크

HOW TO GET RICH

절약이 최고의
재테크이다, 저축

부자가 되기 위한 숫자감각을 키우는 최고의 방법은 실전이다. 부딪쳐서 깨져도 다시 부딪치고, 느끼고 깨달으며 숫자감각을 익혀라.

먼저 절약하여 저축부터 시작하라. 부자가 되는 절대 법칙은 아끼고 저축하는 것이다. 사실 저축은 목돈 마련을 위해서 뿐만 아니라 은행거래, 부자행동을 하기 위해서도 꼭 필요하다. 은행은 거래를 통해 신용을 평가하고 대출을 결정하기 때문이다.

간혹 "먹고 살기에도 빠듯한데, 한 달에 어떻게 10만 원을 저축합니까? 그리고 겨우 10만 원을 저축해 봐야 얼마나 되겠습니까?"라며 저축에 대해 부정적인 시각을 지닌 사람들이 있다. 하지만 한 달에 단돈 1만 원이라도 반드시 저축해야 한다. 저축은 액수보다 돈의 에너지 축적이라는 측면에서 이해해야 하기 때문이다. 매월 1만 원씩 1년을 모으면 12만 원이지만 돈의 에너지는 그 사람이 기울인 정성에 비례해서 강화되기 때문에 새로운 수입원을 창출하며 120만 원 혹은 1,200만 원으로 증가될 수도 있다.

얼핏 지금의 저금리에 높은 물가지수를 감안하면 저축이 큰 도움이 안 된다고 생각할 수도 있다. 하지만 단순히 한 달에 10만 원을 저축하여 1년에 120만 원을 모으는 것이 아니다. 저축을 하면 시간과 돈의 숫자 관리를 하면서 동시에 수익을 창출하는 감각을 발달시킬 수 있다. 또한 저축이 주는 숫자감각의 즐거움과 동시에 돈의 에너지

를 강화하는 실질적인 작용을 느낄 수 있다. 저축을 위한 절약을 통해 극기와 수양의 즐거움을 찾아보라. 그러면 자연스럽게 수익 창출에 관심이 증폭될 수밖에 없다.

숫자감각의 실전과 에너지의 축적이란 측면에서 저축이 지닌 힘은 실로 막강하다. 부자가 되기 위한 종자돈을 만들 수 있으며 종자돈을 빨리 만들수록 성공의 가능성은 높아지기 때문이다.

부자가 되고 싶다면 반드시 수입의 10퍼센트 이상을 저축하라. 좀 더 빠르게 부자가 되고 싶다면 수입의 20~40퍼센트를 저축해야 한다. 50퍼센트 이상을 하려면 허리띠를 꽁꽁 조여매거나 새로운 수익을 창출해야 한다. 저축을 하는 것은 단순히 소비를 줄이는 것이 아니라 수익을 창출하고 내공을 키워 자금의 뼈대를 세우고 피와 살을 붙이는 것이다.

소박함이 모여 대박을 만든다

절약정신은 보통 저축으로 이어진다. 다시 말해 매우 확실하게 부자가 되는 방법이며 궁극적으로 부를 축적하는 데 가장 많이 활용되는 원천적인 재테크 방법이다. 돈을 버는 것도 중요하지만 쓰지 않고 모으는 것도 재테크이다. 절약정신은 신뢰도가 매우 높지만 실천하기는 매우 어렵다.

〈흥부놀부전〉에는 물색없이 착한 동생 흥부와 지나치게 욕심이 많고 절약정신이 강한 형 놀부가 대조적으로 그려져 있다. 놀부는 과도한 욕심과 절약으로 친동생도 박정하게 대하고 구박을 했다. 그러나 착한 동생 흥부는 제비의 부러진 다리를 고쳐주고 벼락부자가 된다. 이는 사실 옛날이야기가 아니었다면 있을 수 없는 설정이다. 원천적인 재테크인 절약은 '대박은 없다'는 전제하에 행해지는 것이기 때문이다.

절약은 숫자가 고도로 절제된 미학을 의미한다. 그저 돈만 아끼는 것이 아니라 시간, 사람, 물질을 비롯한 온갖 존재하는 것을 컨트롤하고 절제하는 것이다. 그렇기 때문에 절약은 절대로 쉽지 않다.

절약을 하기 위해서는 우선 삶을 컨트롤할 수 있어야 한다. 단지 돈의 쓰임새를 줄이는 것으로는 부족하다. 명확한 방향감각을 가지고 분명한 목표의식으로 절제하며 성실하게 모든 숫자의 영역을 컨트롤할 수 있어야 한다. 절약의 대상은 시간, 사람, 돈, 물질, 환경, 업무 등이며, 이들이 최고의 효율성을 낼 수 있도록 감각적으로 통제해야 한다.

사람들은 흔히 대박을 꿈꾸지만 단번에 오는 대박은 없다. 부자가 되려면 절대 대박을 기다려서는 안 된다. 대박은 숫자의 빅뱅이다. 빅뱅처럼 대박은 숫자감각이 축적되어 한순간 터지는 부의 광맥이다. 그런 의미에서 부자가 되는 확실한 방법은 소박하게 절약을 하고, 소박하게 생활하며, 소박하게 자신이 할 수 있는 일에 최선을 다하는 것이다. 소박함이 모여서 대박을 만든다.

동일한 수입원을 가진 사람의 경우에 80퍼센트를 절약해서 모은 사람과 80퍼센트를 소비하는 사람의 10년 후는 분명히 다를 것이다.

벤자민 프랭클린의 명언 중의 "1센트를 절약하는 것은 곧 1센트를

버는 것과 같다"는 말처럼 숫자감각의 관점에서 사소한 1퍼센트의
절약이 시간과 결합해서 나타내는 파워는 대단하다. 티끌모아 태산
이라는 말을 결코 가볍게 생각해서는 안 된다.

수입이 아무리 많아도 지출이 많으면 부자가 될 수 없다. 부자는
절약을 통해 돈에 대한 신념을 강력하게 형성하여 돈을 모은다.

예전에 평생 삯바느질을 하며 겨우 연명하던 할머니가 100억 원을
모아 기부했다는 기사를 본 적이 있다. 절약은 상상하는 것보다 훨씬
강력한 힘이 있다. 가장 원천적인 재테크로서 절약은 그 정신이 큰
가치를 지니는 것이다.

더욱이 절약은 위험성이 전혀 없는 재테크 방법이다. 우리나라에
는 연봉 1억 원 이상인 대기업의 임원이 약 2만 2,000명 정도가 된다
고 한다. 그들이 만약 절약을 하여 월급의 60퍼센트 이상을 저축했다
면 확실하게 부자가 되었을 것이다. 그러나 그들은 자녀교육을 위한
사교육비를 비롯해 사회적 위치에 따른 기존 생활비로 절약하기가
힘들다.

국내 굴지의 대기업에 근무하는 J부장은 절친한 동료들이 퇴직 후
를 걱정하는 것을 많이 듣는다고 했다. 그도 그럴 것이 연봉 1억 원
가까이 받으며 지금까지는 잘 살아 왔지만 대부분 모아놓은 돈이 거
의 없기 때문이다.

"제가 알기로는 거의 90퍼센트가 서울에 집 한 채 정도, 평균 2억
~3억 원대의 자산을 가지고 있습니다. 그동안 대기업의 연봉을 받으
며 잘 살아왔지만 노후를 위한 준비는 하지 않은 겁니다."

J부장은 결혼할 때 간단히 예식만 올린 후 허리띠를 졸라매고 살았

다고 말했다.

"저는 절약이 최고의 재테크라는 사실을 일찍 알았습니다. 어머님이 어릴 때부터 보여주신 절약정신 덕분입니다. 한때 집을 마련하는 자금을 모으기 위해 네 식구가 산꼭대기 반 지하 단칸방에서 산 적도 있습니다. 겨울에는 주유소에 가서 기름을 사와서 보일러를 떼야 했고 여름에는 하루 밤에 세 번씩 샤워를 해야 잠을 잘 수 있었습니다."

그는 그때의 절약으로 돈을 모아 강남의 아파트에 투자했다. 6년 전 그 아파트를 구입할 때는 2억 원이었는데, 지금은 10억 원이 훌쩍 넘었다. 보통 사람들의 관점으로 봤을 때 행운이 따른 것일지도 모르지만 이는 절약정신이 큰 힘으로 나타난 것이다.

절약은 저축을 위한 단순한 미덕이 아니라 수행이다. 도를 닦는 사람이 수행을 하듯 절약은 불편 감수, 인내를 요구한다. 절약은 돈의 신념화로 인해서 신비한 재테크를 이끌어내는 마력이 있다. 절약하여 저축을 하지 않으면 절대 부자가 될 수 없다.

세 살 저축으로 여든까지 부자로 살자

부자가 된다는 것은 작은 돈의 숫자를 모아 큰 돈의 숫자를 만드는 행위이다. 돈을 모으기 위해서는 당연히 저축을 통해 숫자를 조합하는 훈련을 해야 한다. 어릴 때부터 저축하는 습관을 지닌 사람과 평생 저축을 한 번도 하지 않은 사람의 차이는 굉장하게 벌어진다. 오랜 저축 습관을 지닌 사람이 가난한 경우는 거의 없다. 간혹 사업의 실패로 가난한 기간도 있지만 결국 저축 목표와 습관으로 다시 일어서며 성공하는 것을 많이 보았다.

　저축의 목표와 습관을 지닌 사람이 받는 혜택은 매우 다양하다. 저축 목표는 구체적인 숫자 관리를 통해 소득을 창출하고, 소비를 줄이게 한다. 또한 저축 습관은 돈에 대한 감각을 키워준다.

　"저축 목표와 저축 습관이 있습니까?"라는 질문을 통해 사람들의 재정 상황을 체크해 보았는데 그를 통해 부자가 될 수 있는 가능성을 예측할 수 있었다. 저축이라는 부자행동을 통해 얻을 수 있는 부가가치는 말할 수 없이 많다. 오랫동안 저축을 한 사람은 돈의 숫자를 잘 안다. 그들은 저축을 하며 저축상품에 대한 관심을 가진 덕분에 금융상품의 정보를 많이 알며 금리를 비롯한 금융지식을 자연히 습득했다. 또한 은행을 자주 오가며 은행 방문을 스스럼없이 했기 때문에 은행 문턱은 자연히 낮아져 대출과 자금운영에 대한 융통성을 발휘할 수 있었다.

　증권회사에서 부장으로 근무하는 40대 초반의 W씨는 저축과 투자의 관계를 이렇게 설명해 주었다.

　"분명한 저축 목표를 세우고 습관이 몸에 배면 반드시 부자가 될 수 있습니다. 수입에서 저축에 대한 목표를 세우다 보면 지출을 통제하고 수익률에 대해 자연히 알게 되기 때문입니다. 그러다 보면 투자 이윤에 대해서 관심이 높아지고 감각도 생깁니다. 또 이자율에 관심을 가지게 되고 단리인지 복리인지, 수익률은 얼마인지를 계산하게 됩니다. 그러면 자연히 높은 수익률을 찾게 되며 투자수익률을 따지다 보면 투자 목표도 정해집니다. 저축 목표와 투자 목표를 병행하기 어려우면, 적립식펀드를 하시면 됩니다. 적립식펀드는 목돈이 마련되지 않아도 은행 정기적금처럼 매달 일정액을 적립하는 방식으로 투자하는 것입니다. 주식이 싸게 나올 때는 많이 사고 비싼 경우에는 조금만 사는 형식을 취하는, 저축과 투자를 동시에 할 수 있는 방법입니다. 다만 적립식펀드의 핵심은 장기투자에 있습니다. 최소 3년이 지나야 성과를 판단할 수 있기 때문에 인내심을 가져야 합니다."

그는 저축과 투자의 목표가 분명한 사람들은 빠르게 부를 축적한다는 사실을 여러 차례 확인했다고 한다. 그 역시 확실한 목표의식을 가진 덕택에 부자 대열에 들어설 수 있었다. 목표의식은 놀라울 정도로 강력한 힘을 발휘한다. 티끌 모아 태산이라는 말처럼 저축과 투자가 습관이 되면 작은 돈을 모아 부자가 될 수 있다.

기회를 잡으려면 저축으로 준비하라

저축만 하는 것도 도움이 되지만 적절한 투자를 하지 않으면 많은 기회를 무산시키는 것이다. 저축만으로 부자가 되기에는 오랜 시간이 걸린다. 저축으로 종자돈을 마련한 후에 투자로 이어져야 큰 힘을 발휘할 수 있다.

부자들은 대개 저축을 통해 종자돈을 마련하여 풍부한 금융지식을 습득하고 투자를 통해 이윤을 극대화한다. 부자들은 그 과정을 통해 재테크를 하며 특유의 숫자감각으로 투자이익이 극대화될 수 있는 기회를 포착한다.

"누구나 일생에 3번의 기회가 있다"는 말이 있다. 살다 보면 적은 돈으로 큰 돈을 벌 수 있는 기회가 반드시 나타난다. 주변의 권유나 스스로가 찾는 것으로 '심봤다'라고 소리칠 만한 기회가 나타난다. 그러나 그런 기회가 왔을 때 종자돈이 없어 투자를 할 수 없다면 아무런 소용이 없다.

평소 은행거래를 성실히 하고 대출을 받을 수 있는 신용을 갖추는 등 어느 정도 준비가 된 상태로 투자를 할 수 있다면 그 기회는 당연히 부자가 되는 소중한 행운으로 연결된다.

시중은행의 차장으로 근무하는 L씨는 저축과 대출, 투자의 가치를 실전에 적용하여 성공을 거두었다.

"만약 저축만 하고 투자를 하지 않았다면 저 역시 평범한 은행원으로 만족했을 겁니다. 저는 저축을 통해 기본적으로 1,000만 원이 모이면 부동산, 주식, 채권, 펀드에 투자를 했어요. 처음 주식투자를 할 때는 500만 원으로 시작했습니다. 큰 이익을 바라기보다 장기간에 걸쳐 차분히 가치투자를 한 결과 높은 수익을 거두었어요. IMF 직후에는 강남의 다세대 주택을 구입했습니다. 당시에 계약금이 시세보다 저렴하긴 했어도 수중에 있는 돈으로는 힘들었지요. 그때 저의 신용으로 대출을 받아 겨우 구입할 수 있었어요. 헌데 그것이 엄청나게 큰 수익을 가져다줬습니다. 저축과 투지를 생활화한 덕분에 제가 꿈꾸던 삶을 살 수 있게 됐습니다. 요즘 참 살맛납니다!"

꼭 필요한 시기의 대출은 천군만마와 같은 효과가 있다.

"살다 보면 어떤 상황이 닥칠지 모르기 때문에 기본적으로 대출을 받을 수 있는 조건을 꼭 만들어야 합니다. 저축을 평상시에 하는 것은 물론이고 주거래 은행을 정해서 실적을 쌓아야 합니다.”

그가 20년 가까이 은행 업무를 하며 느낀 것은 오랫동안 저축을 하여 거래와 실적을 쌓으며 목돈을 마련하고, 꼭 필요한 시기에 대출을 받아 창업하는 사람이 성공할 확률이 높다는 점이다.

그는 저축과 투자를 병행하고 강남의 다세대 주택에 투자한 덕분에 지금은 30억 원대의 자산을 형성했다. 저축을 통한 소액투자와 대출의 힘으로 꿈을 이룬 것이다.

부자가 되기 위한 방법은 다양하지만 무엇보다 저축이 가장 쉽고 확실한 방법이다. 좋은 아이템이 있어도 자본이 바탕이 되지 않으면 투자는 어렵고 값비싼 부채는 자칫 큰 위험을 초래할 수 있다. 그러므로 부자가 되고 싶다면 저축과 투자를 통해 목표를 설정하라.

자신만의 정보, 지식, 아이템으로 승부하라, 사업

숫자감각을 활용하면서 부자가 되는 가장 확실한 방법은 사업을 하는 것이다. 조선시대에도 보부상이나 개성상인이 부를 축적했고, 현대에도 많은 사람들이 사업으로 부자가 되었다. 미국에서도 부자의 약 90퍼센트 정도가 사업을 통해 부를 얻었으며, 세계 경제를 주름잡는 유대인들도 사업으로 부를 축적했다. 우리나라의 경우 부자의 약 60퍼센트가 사업으로 부자가 되었다.

부자로 만들어주는 업종은 시대, 문화, 트렌드에 따라 조금씩 차이가 난다. 예전에는 주유소, 정미소, 약국, 의류 도매, 요식업, 서비스업 등이 강세였으나 요즘은 이동통신 내리짐, 할인마트, 대형 찜질방, 외식 체인점, 고급의류 대리점 등이 강세이다.

그렇다면 사업이 부자를 만드는 이유는 무엇일까? 사업은 그 자체가 투자이며, 자신을 위해 일을 한다는 동기유발이 확실하다. 또한 최선을 다하여 집중하면 다른 재테크에 비해 성장의 속도가 빠르다. 처음 시작할 때는 10평 남짓한 작은 공간이라고 해도 고객이 늘어나고 수입이 증가하면 빠르게 성장할 수 있다. 사업은 근무시간이나 업종이 정해져 있지 않고 24시간, 다양한 방법으로 서비스를 제공할 수 있어 수입원 확보도 매우 용이하다.

하지만 사업 투자 역시 실패의 확률이 높다. 확실히 돈벌이가 되는 좋은 사업을 하지 않으면 위기에 처할 수 있다. 미국 산업통계에 의하면 개인사업자 중 5년 후에도 살아남을 수 있는 확률은 5퍼센트 미만이라고 한다. 사업 환경이 좋은 미국에서도 그만큼 어렵다는 이야기이다. 고성장의 시기를 지나 저성장의 국면에 접어든 우리나라의 경우는 말할 것도 없다. 현재 우리나라는 3퍼센트의 저성장, 고임금 상황이며, IMF이후 서민들의 소비 억제 또한 강해졌다.

그렇다고 해도 도전하지 않을 수는 없다. 어떠한 경우든 위험은 도처에 도사리고 있다. 사업은 소규모로 시작해서 착실하게 내실을 기한다면 부자가 될 수 있는 가장 빠른 길이다.

사업을 하게 되면 숫자감각의 힘이 실전에 미치는 영향이 지대해진다. 소규모의 사업을 하더라도 마찬가지이다. 어떤 아이템으로 사업을 하더라도 첨예한 숫자감각으로 컨트롤해야 한다. 매출과 지출 등 각종 숫자를 감각적으로 다루어야 한다. 대개 가정 경영은 일정한 수입과 지출의 반복으로 숫자감각이 강한 힘을 발휘하지 않지만 사업은 전혀 다르다. 숫자를 철저히 관리하고 사업적 감각을 다듬어야 발전할 수 있다. 직접 사업을 하며 얻을 수 있는 숫자감각은 10년을 종업원으로 일한다고 해도 배울 수 없다. 경영에 필요한 노하우는 물론이고 숫자에 대한 실전 경험과 감각을 쌓는 데는 무엇보다 사업이 가장 효과적이다.

"뛰어난 사업가는 고생을 통해서 숫자감각을 자연스럽게 체득한 경우가 많습니다. 고생을 많이 한 사람들은 절대 감을 믿지 않고 확실한 숫자에 따라 감각을 통제합니다. 고생하지 않고 사업을 하는 사람들 가운데 자신의 감만을 믿고 덤벙거리다가 순식간에 망하는 것을 많이 보았습니다."

수원에서 제조업체를 경영하는 사장이 한 말이다. 그는 사업에서 필요한 숫자감각에 대해 잘 알고 있었다. 숫자감각에 대한 그의 견해는 매우 현실적인 설득력을 지니고 있었다.

"제가 숫자의 무서움을 잘 몰랐던 30대에는 돈은 많이 벌었지만 쌓이지가 않았습니다. 하지만 몇 번의 실패를 겪으며 숫자감각을 익힌 후부터는 수입에 비해 재테크가 잘 이루어지고 있습니다. 기업 경영의 기본은 숫자 파악입니다. 금리, 환율, 주가 등의 수치를 보고 경제 흐름에 따라 경영전략을 유연하게 변화시킬 줄 알아야 합니다. 경제 흐름을 분석하고 기업의 수익성을 창출할 수 있는 기회라고 판단되면 보다 창조적이고 탄력적인 경영전략을 세워야 합니다. 그러자면 숫자지식을 갖추고 시대적 감각에 맞게 판단하고 예측할 수 있어야 합니다. 아무리 작은 사업을 한다고 해도 고정 지출과 사업의 현황에 따른 변수가 많아서 숫자 관리를 잘해야 히고 트렌드에 맞는 감각을 지녀야 합니다. 사업이란 숫자 관리를 잘못하거나 감각이 조금만 떨어져도 금방 영향을 받습니다. 그렇기 때문에 숫자와 감각을 동시에 지니는 것이 사업의 성패를 결정하는 중요한 요소입니다.”

그는 숫자의 변화와 질서를 알고 익히기 위해서는 소규모라도 사업을 반드시 해봐야 한다고 힘주어 강조했다. 감각과 숫자지식의 관점에서 생각해 보면 정말 맞는 말이다.

부자가 되려면 소규모 사업이라도 해봐야 한다. 투자나 투기 혹은 다른 재테크를 하더라도 자신이 주체가 되면 숫자감각은 실전 상황으로 변하고 엄청난 숫자의 횡포를 피할 수 있다. 실전을 통해 숫자감각을 체득해야 비로소 부자의 마지막 공식을 익힌 것이다.

비용 절감이 사업의 첫 걸음

사업의 정수는 외적인 면에선 수익모델 개발이지만 내적인 면에선 비용 절감에 있다. 특히 비용 절감은 매일 매일 소액의 비용 식감을 위해서 반복적으로 수치를 확인하고 노력하지 않으면 안 되는 지루한 업무이다. 그것은 매우 세심하고 때로는 쩨쩨하게 여겨질 만큼 인내심을 필요로 한다.

비용 절감의 생활화가 어떤 것인지를 직접 눈으로 확인한 적이 있다. 한 골프클럽 회장과 골프를 칠 때의 일이다. 드라이브 샷을 하면 가끔씩 티가 날아가는 경우가 있는데 대부분 조금 찾다가 포기하고 만다. 그런데 그 골프클럽의 회장은 드라이브 티를 날리면 꼭 찾으러 갔다. 몇 번을 지켜보다가 궁금해서 “회장님, 티를 꼭 찾으시는 이유가 있습니까?”라고 물어보았다.

그는 웃으며 "꼭 찾아야 할 이유는 없지만 티도 아껴야 하지 않습니까? 무엇이든지 비용이 드는 것은 단 10원짜리 한 푼이라도 아껴야 합니다. 잔돈에 강해야 목돈을 모을 수 있기 때문이지요. 저는 젊을 때 고생을 많이 해서 사소한 것이 지닌 힘을 잘 알고 있습니다"라고 대답했다.

그 말을 들으니 그가 부자가 될 수밖에 없는 이유를 알 것 같았다. 작은 것 하나라도 아끼는 자세 때문이었다. 골프게임이 끝나고 식사를 할 때 그에게 사업을 하면서 비용 절감을 위해 어떤 노력을 하는지 몇 가지 더 물어보았다.

그는 잠시 생각하다가 말했다.

"누구나 비슷하겠지만 저는 처음 사업을 할 때, 자금 때문에 어려움을 많이 겪었습니다. 그러면서 최대한 원가를 절감하기 위해 노력했습니다. 거래를 할 때 아무리 적은 돈이라도 지출결의서를 적어서 나가는 돈을 관리했고, 일상생활에서도 아무리 가격이 싼 것이라도 반드시 아끼는 습관을 길렀습니다. 구체적으로 말해 비용 절감을 하려면 먼저 매입할 때 정확한 수치에 따라 가격비교를 해야 하고, 인건비를 비롯해 작은 소비재 하나라도 아껴야 합니다. 회계장부를 비롯해서 일상생활에 이르기까지 모두 수치화해서 정확하게 관리하는 겁니다. 비용 절감에 성역은 없습니다. 한 푼이라도 절감하려면 역시 숫자에 강해야 하고 감각적인 대처가 필요합니다. 숫자와 감각을 가지고 비용을 절감하는 방법을 찾아보면 의외로 많습니다. 구태여 비결이라고 할 것은 없고 저는 시간이 날 때마다 비용 절감에 대해 생각하고 구체적인 숫자와 내용을 노트에 기록합니다. 그것도 하나의 기술이다 보니 이를 통해 이익을 창출할 수 있고 이것이 경쟁업체를 누르고 우위를 차지할 수 있는 힘이 됩니다. 그래서 꾸준히 훈련하고 습관화하는 것이죠.”

그와 대화를 하면서 아시아 최고의 갑부 리자청의 재테크 비결이 떠올랐다. 리자청은 돈을 쓸 때와 아낄 때를 구분해야 한다며 “백만 장자가 되더라도 길에 떨어진 1원짜리 동전도 주워야 하며 한 푼도 목숨처럼 아껴야 한다. 그러나 마땅히 돈을 쓸 때는 눈 하나 깜짝하지 않고 100억 원도 쾌척할 수 있어야 한다”고 말했다.

K회장도 리자청과 비슷한 재테크 비결을 가지고 있었다. 그는 건설업을 통해 기본자산을 형성하고 10년 전쯤에 자본금 300억 원 정도로 골프장을 시작하여 지금은 3개의 골프클럽을 운영하고 있고 자산은 3,000억 원 정도로 크게 늘었다. 건설업의 경험을 통해 골프클럽의 부지 조성과 건축비, 토목공사의 경비 절감으로 그토록 빠르게 사업적인 성공을 이룩한 것이다.

수익모델을 개발하는 것도 중요하지만 비용 절감 기술이 곧 수익 창출하는 방법이며 사소한 비용 절감의 습관이 모여 큰 수익을 만든다는 것을 확인할 수 있었다.

참신한 아이템으로 소자본 사업부터 시작하라

큰 사업을 하는 사람들도 처음에는 무자본이나 소자본으로 사업을 시작했다. 처음부터 거창하게 큰 자본을 투자하고 사업을 해서 성공하는 사람은 드물며 그렇게 시작하면 실패하기 쉽다.

유대인은 상재에 밝고 사업을 잘하기로 정평이 나있다. 그들이 사업에 강한 이유를 살펴보면 소자본으로 사업을 하고 있기 때문이다. 그들은 소자본으로 할 수 있는 사업을 시작하거나 소자본조차 갖지 못한 채 가난의 밑바닥에서 사업을 시작하여 성공한다. 지금은 널리 알려진 1,000원 숍 아이템을 처음 생각하고 그로 인해 성공한 유대인의 예를 보면 이런 사실을 쉽게 이해할 수 있다.

유대인 마이클 맥스는 잡화행상으로 모은 돈으로 포장마차를 사서 시장에 자리를 잡고 싸구려 물건을 팔기 시작했다. 그는 포장마차에 다양한 가격의 상품을 진열한 후 '전 품목 1페니'라는 푯말을 세우고 '마이클 맥스, 원조 페니 바잘(Bazaar : 시장)'이라는 포스터를 붙였다. 이것이 현재의 1,000원 숍의 시작이었다. 1페니짜리 싸구려 상품들은 그를 부자로 만들어 주었다.

참신한 아이템 덕분에 채 3년도 되지 않아 '원조 페니 바잘'은 영국 전역으로 확대되었고 그는 큰 부를 축적했다. 단순한 아이템에 그치지 않고 그는 '원조 페니 바잘'이라는 간판을 통해 자신의 지적소유권을 선언해 독보적으로 사업을 유지했다.

우리나라의 유명 식당에서 원조

논쟁이 벌어지고 있는 점을 생각해 보면 그의 아이디어도 자본이라고 할 수 있다. 아이디어는 쓰레기 속에서도 나올 수 있는 것으로 조금만 다른 각도에서 보면 발견할 수 있다. 중요한 것은 사업에 대한 열정과 의지이다.

또 다른 유대인 에프라이므의 사업적 발상을 보면 열정과 의지의 중요성을 확인할 수 있다. 그는 원래 러시아 태생이었으나 청년기에 홀로 영국 맨체스터로 이주했다. 그곳에서 그는 빈털터리 신세가 되었지만 아이디어로 살아남았다. 재봉사가 처분하기 곤란해하던 천 조각을 공짜로 받아서 사업을 시작한 것이다. 그는 버려진 천 조각에서 실을 뽑아내 필요한 가게에 되팔았다. 원료가 공짜였지만 실을 뽑는 일은 상당히 귀찮고 번거로운 일이었다. 하지만 티끌모아 태산이 되듯 빈털터리 무자본으로 시작한 사업은 탄탄한 기업으로 성장했다. 그는 바로 영국 거대 슈퍼체인 회사인 막스앤스펜서의 사장 마카스 시프의 할아버지였다.

사업을 하고자 한다면 먼저 강렬한 열정과 의지를 지녀야 하고 숫자감각이 몸에 배도록 해야 한다. 경영의 규모가 작다고 해도 숫자감각을 지니고 전체를 파악하는 일은 그리 간단하지 않다. 직원을 3인 이상 채용하고 임대료를 비롯한 고정비가 지출되기 시작하면 수입이 안정적으로 들어오지 않는 한 돈의 숫자 맞추기는 매우 어렵다.

기본적으로 재테크는 숫자감각을 터득하고 미래를 예측하며 시간과 돈의 숫자를 이해할 때 본격적으로 이루어진다. 자산증식은 숫자감각으로 작은 수에서 큰 수로 키우는 것이다. 소자본 사업부터 시작하며 크게 키워라.

지식과 정보로 승부하라

21세기는 지식과 정보의 시대이다. 인터넷을 중심으로 엄청난 지식과 정보가 쏟아지고 수많은 아이템들이 양산된다. 이 시대에 필요한 지식과 정보에는 2가지 종류가 있다.

첫 번째는 만들어지는 지식과 정보이다. 이는 이 세상에 없는 원천 지식과 정보를 자기 스스로 만들어내는 것을 의미한다. 이 세상의 어느 곳에서도 찾을 수 없는 것일 경우, 가치를 인정받아 지적소유권이 주어진다. 지적소유권은 특허, 실용신안, 논문, 서적 등 다양한 부분에서 인정된다. 과거에는 1차원의 지식과 정보로는 부자가 되기 힘들었으나 지금은 가치가 있는 지적소유권을 획득하면 곧바로 부자의 반열에 오를 수 있다. 예를 들어 1차원 지식과 정보의 산물인 서적의 경우 베스트셀러가 되면 부자가 될 수 있다. 실제로 세계적인 베스트셀러 작가들이 모두 억만장자 대열에 올랐다.

두 번째는 주어지는 지식과 정보로 기존에 형성되어 있던 여러 가지 지식과 정보 네트워크의 흐름을 통해 획득된 것이다. 그것은 2차원의 지식과 정보로 자신이 직접 획득한 것이 아니고 다른 사람이 획득한 것을 대규모로 집적한 정보시스템이다.

이러한 정보시스템을 활용해 부자가 된 예는 포털 사이트 네이버, 네이트, 다음 등 셀 수 없이 많은 인터넷 사업에서 찾아볼 수 있다. 그러나 1차원의 지식과 정보의 활용에 비해 상대적으로 시스템 가동을 위한 투자비용이 높다는 단점이 있다.

단순한 지식과 정보 수집만으로는 부자가 되기 어렵다. 지식이나 정보를 통해 부자가 되는 효과적인 방법은 주어지는 지식이나 정보보다는 만들어지는 정보나 지식에 집중하는 것이다. 독특하게 지식과 정보를 가공하고 만들어내는 기술이 있다면 부자가 될 가능성이 훨씬 높아진다. 더군다나 지금은 인터넷 시대이기 때문에 지식과 정보를 통한 부자의 길이 활짝 열려 있다.

2005년 영국 파이낸셜타임스가 선정한 '가장 영향력 있는 세계 갑부 25'를 보면 1위가 빌 게이츠, 2위가 애플의 스티브 잡스, 4위가 구글의 공동창업자 래리 페이지와 세르게이 브린이다. 그들은 인터넷 사업을 하고 있다는 공통점을 가지고 있다.

인터넷 검색의 혁명을 불러일으킨 구글을 보면 그 폭발적 힘을 잘 알 수 있다. 구글은 가로 10센티미터, 세로 1센티미터 남짓한 인터넷 검색창 판도라 게이트로 세상을 평정했다. 1998년 9월에 여자 친구의 차고를 빌려 문을 연 소박한 검색업체 구글은 불과 5년 만에 30억 달러의 기적을 일구어냈다.

인터넷 사업은 철저하게 숫자와 감각이 결합된 사업이다. 전 세계 인구를 대상으로 특정 기술이나 특정 사이트가 적용되어 숫자와 감각이 돈으로 환원되는 사업이다.

인터넷 사업, 새로운 세계를 창조하라

"자신만의 지식과 정보를 아이템으로 사업을 하라"
인터넷 사업의 기본 정신이기도 한 이 말은 경제 동력이 약한 우리나라 사람들에게는 구원의 메시지가 담긴 말이다. 거창하게 민족의 미래를 위한 것이 아니어도 인터넷 분야는 무한히 많은 가능성을 내포하고 있다. 자신만의 세계에서 창조한 아이템을 곧바로 사업화할 수 있음은 이 시대 사람들만이 누릴 수 있는 특권이다.

지금 이 시대는 새로운 가치를 요구하고 있다. 전혀 새로운 각도에서 상상하여 놀랍도록 참신하게 만들어지는 지식과 정보는 측정할 수 없는 대단한 가치가 있다. 독특한 지식과 정보가 수많은 사람들을 접속하게 하고 그로 인해 곧바로 부자가 되는 시대에 우리는 살고 있다. 접속 횟수나 특별한 감각의 구현이 돈이 되는 사이버공간이 바로 인터넷이다. 인터넷은 그 자체가 강력한 동력이고 무한하게 넓은 신천지의 공간으로 부자가 될 수 있는 많은 길을 제시한다.

직장생활을 하던 T씨는 어느 날 퇴사를 하고 느닷없이 인터넷 사업을 하겠다고 말했다.

"지금 직장생활은 비전이 없습니다. 그러나 인터넷 사업은 제가 노력하는 만큼의 이윤을 창출할 수 있기 때문에 비전이 있습니다."

그의 용기와 도전을 높이 평가했지만 그는 기대와는 달리 너무나 평범한 인터넷 사업을 시작했다. 그는 쇼핑몰을 구축해 종이가방을 판매했다. 그러나 남이 보기엔 평범하고 별 수입이 안 될 것 같았던 사업은 내실을 갖추었다. 그의 숫자감각이 적중한 것이다. 소박하지만 많은 수의 고객이 필요로 하는 서비스였기 때문에 매출은 꾸준했고, T씨는 꽤 많은 돈을 벌었다. 채 3년이 지나지 않아 그는 10억 원대의 자산을 형성했다.

인터넷 사업은 지식과 정보를 취합하거나 자신만의 독특한 아이템을 모아 저비용으로 언제든지 시작할 수 있는 분야이다. 그러나 인터넷 사업은 아무나 한다고 되는 것이 아니다. 자신만의 지식과 정보를 통해 새로운 세계를 창조하거나 어딘가 달라도 다른 차별화가 이루어져야 한다. 또한 인터넷 마케팅을 알고 있어야 한다. 그래서 인터넷 사업을 하고자 한다면 나름대로 충분한 준비를 갖추어야 하고 일반 사업과 마찬가지로 최선을 다해야 한다.

인터넷 시대가 점점 더 활짝 열리면서 인터넷 사업으로 부자가 될 수 있는 제반 환경이 마련되고 있다. 따라서 부자의 길을 가는 데 있어서 인터넷 사업은 절대 빠질 수 없는 영역이다.

인적 네트워크와 열정이 부를 창조한다

인적자원이 최고의 자산이라는 말은 누구나 알고 있다. 개인적으로 혹은 조직적으로 성취를 이루려면 경쟁자를 능가하는 뛰어난 인재를 확보하는 것만큼 확실한 것은 없다. 성공한 사람이나 조직의 리더는 끊임없이 인재를 찾고 훈련시키며 사업을 설계해야 한다.

숫자감각에서도 인간이 가장 중요한 변수이다. 인간은 그 자체가 자원이며 동시에 자본이고 생산과 소비의 주체로서 경제와 경영의 흐름을 결정하는 숫자이다. 적절한 사람을 찾아 파트너십을 맺고 함께 하는 것이 성취의 생명줄이다.

함께 일할 파트너를 찾을 때는 객관성을 유지하기 위해 산술적인 계산을 해보라. 얼마나 생산적인 만남인가에 대해 산술적인 가치를 측정하고 일에 대해서도 마찬가지로 성과를 측정한다. 그리하여 파트너의 동기를 유발시켜 함께 성공하는 것이다.

비전을 제시하고 동기를 유발시키며 교육을 통해 함께 성공하기 위한 힘을 모으는 것이 핵심이며, 사람과 사람을 연결시키고 교육시켜 열정을 분출하는 것이 성공의 비결이다.

기업들이 추구하는 인재 양성은 결국 인간이 지닌 무한한 숫자의 세계를 활용하는 방법이다. 세계적인 기업인 마이크로소프트나 GE, 삼성 등에서 인재 양성과 인재 스카우트에 상상을 초월할 정도의 비용을 쏟아붓는 것도 이러한 이유 때문이다.

21세기는 인간 중심의 인맥이 가장 중요한 인프라로 작용하며 인맥 인프라가 곧 자산이 되는 진정한 인본주의 시대이다. 인맥 인프라의 순환 사이클은 인간-업무-자산-투자로 돌아간다. 인맥 인프라가 시스템이 되어 사업이 가능한 시대가 활짝 열리고 있다.

부의 환원은 보이지 않는 재테크

서울에서 큰 식당을 경영하는 S사장은 특이한 재테크 철학을 가지고 있다. 그녀는 매년 약 10억 정도의 현금을 기부하고, 자비를 털어 많은 사람들에게 봉사하며 열심히 생활하는 것을 재테크의 방법이라고 말한다. 그녀의 재테크 철학을 처음 듣는 사람은 이해가 되지 않겠지만 그녀는 꾸준히 그렇게 해오고 있다.

"사람을 기쁘게 하고 봉사를 하면 돈은 저절로 들어옵니다. 마음을 활짝 열고 넓게 쓰면 온 우주의 기운이 전부 내 것이 되는데 돈이 문제겠습니까?"

그녀는 젊은 시절 갖가지 고통을 겪으며 기부와 봉사가 재테크의 비밀이라는 것을 깨달았다고 한다. 자신만 알고 타인을 돌보지 않으면 자기 몫의 재물만 챙기는 데도 힘이 들지만 수많은 사람들과 더불어 살아가려고 하면 그만큼의 재물이 저절로 붙는다는 것이다. 실제로 그녀가 기부하고 봉사하는 데 쓰는 현금도 엄청났지만 그녀는 사업을 통해 그 3배 이상을 벌어들이고 있다.

탈무드를 보면 유대인의 상부상조 정신과 자선사업이 오늘날 그들의 성공을 이끈 원동력이라는 것을 알 수 있다. 그들은 "많은 희사(喜捨)를 행하면 평화가 충만해진다. 비록 가난한 사람일지라도 희사를 행해야 한다"라고 명시했다. 부자는 많이 희사하고 가난한 사람은 적으면 적은 대로 희사해야 하며 희사에 의해 선의가 순환된다는 점을 강조한 것이다.

그들은 아무리 가난해도 희사를 하며 그로 인해 평화를 느낄 뿐만 아니라 돈의 순환을 통해 부가 자신에게 올 수 있게 만든다. 자신을 위한 소비는 한순간의 행복을 줄 뿐이지만 희사를 통한 행복과 뿌듯함은 오래 간다. 또한 그 돈이 언젠가는 자신에게로 돌아오므로 희사는 부를 불러일으키는 재테크 방법이라고 할 수 있다.

부의 순환을 촉진하는 사회환원

"부자가 되면 무엇을 하겠는가?"라는 질문에 대부분의 사람들은 한결같이 좋은 일을 하고 싶다고 대답한다. 불우이웃, 고아원, 양로원 등 이 사회의 그늘진 곳을 돌보겠다는 답변이 태반이다. 인간은 누구나 본능적으로 베풂의 감정을 가지고 있기 때문에 어쩌면 당연한 욕구일 것이다.

하지만 베풂은 '부자가 되면 어떻게 하겠다'는 것보다 지금 당장하는 것이 중요하다. 적은 돈이라도 수입의 1~3퍼센트를 빠짐없이 희사한다면 그 기운으로 틀림없이 부자가 될 수 있다.

물론 대부분의 사람들이 이 제의에 선뜻 동의를 하지 않는다. 대부분의 사람들은 부의 환원이 보이지 않는 재테크라는 사실을 모르고 있기 때문이다.

부자가 되면 하겠다는 사회봉사를 지금 당장 시작한다면 부자가될 수 있는 재테크를 지금 당장 시작하는 것과 같다. 부의 축적은 근본적으로 순환을 통해 이루어지는데 기부나 사회봉사가 순환을 촉진하기 때문에 자연히 재테크가 이루어지는 것이다.

찢어지게 가난하다고 생각하는 사람에게도 부자와 마찬가지로 기부와 봉사의 원리가 적용된다. 부의 공급과 순환의 원리를 적용해서 반드시 희사를 해야 한다. 가난도 공급과 순환의 원리를 통해 부로 전환되는 것인 만큼, 생활비를 비롯한 지출과는 별도로 기부를 하고 봉사를 하는 것이 미래의 재테크라는 사실을 인식해야 한다.

최소한의 희사 비용을 1~3퍼센트로 잡은 이유는 여유가 있다면

10퍼센트 이내가 적당하지만 최소한의 수는 1~3퍼센트라는 뜻이다. 월급이 100만 원이라면, 매달 1만~3만 원을 희사하는 것으로 그 돈보다 더 큰 가치를 지닌 정신적인 부를 얻을 수 있다.

구두쇠라고 일컬어지는 부자들에게 아무에게도 말하지 않을 테니 희사하는 것이 있으면 말해 달라고 부탁했다. 비밀 보장을 약속하고 그들이 부자가 되기 이전부터 현재까지의 희사에 대해 질문한 것이다. 놀랍게도 그들 중에서 희사를 하지 않는 사람은 단 한 사람도 없었다. 하지만 자신들의 기부가 외부에 알려지는 것을 극도로 꺼렸다. 물론 그들 중의 일부는 희사를 통해 명예를 얻으려는 사람들도 있었지만 타인으로부터 존경을 받을 만큼 깨끗한 부를 축적한 사람들은 예외 없이 희사를 하고 있었다.

스스로 돈을 버는 시스템을
구축하라, 주식투자

"소액이라고 해도 일찍 투자를 시작하세요."

"소액은 얼마를 말하고 일찍은 언제를 의미합니까?"

"10만 원부터 투자가 가능합니다. 일찍이라는 것은 수입이 생기는 시점입니다. 시간은 투자의 효과를 최대화할 수 있는 자산이며 일찍부터 좀 더 많은 돈을 투자할수록 더 부유해지고 더 빨리 은퇴할 수 있습니다."

S증권회사의 L과장이 한 말이다. 그는 투자의 중요성에 대해 늘 강조한다. 하지만 보통 사람들에게 투자라는 말이 익숙한 단어는 아니다. 금융지식이 없고 투자를 해본 적이 없는 사람이라면 투자가 두려운 것은 당연하다. 그렇기 때문에 소액이라도 일단 투자하라는 것이다. 저금리, 고물가시대에 금융 투자로 돈이 돈을 버는 시스템을 만

드는 것은 가장 실제적인 재테크이다.

100만 원을 우량주에 투자해 놓고 6개월 혹은 1년만 지켜보면서 투자공부를 해보라. 설사 100만 원을 다 날린다고 해도 수업료라고 생각하면 별로 비싼 것이 아니다. 성공과 실패를 통해 배우고 익혀 장기투자의 묘미를 체득하면 결코 아까운 돈이 아니라는 것이다. 주식에 이어 채권, 뮤추얼펀드, 부동산까지 투자를 확대해 가면 날린 100만 원 이상의 가치를 얻을 수 있다.

그러기 위해서는 먼저 저축을 하여 돈을 모으고 전문가의 조언을 구하라. 조언에 따라 투자를 위한 공부를 하면서 장기 전략과 목표를 설정하고 중기, 단기 전술을 익혀가야 한다. 즉 저축과 투자의 공식을 수치로 계산하여 2가지를 함께 해나가야 한다. 숫자감각에 따라 가치투자를 제대로 하면 어떤 나쁜 장세라도 충분히 이겨내고 높은 수익을 얻을 수 있다. 투자의 수익률을 높이려면 많은 시간과 연구가 필요하다. 하지만 처음부터 잘하는 사람이 어디 있겠는가?

투자의 세계는 온갖 리스크가 도사리고 있는 숫자의 정글이다. 비교적 안정된 투자라고 생각하는 주식에서 전 재산을 잃거나 상당한 손실을 입는 사람들이 많다. 하지만 투자는 여전히 할 만한 것이고 장기적으로 하면 수익성이 높다.

치열한 투자의 세계, 숫자감각이 결정 기준이다

투자와 숫자 변화에 대한 자세와 태도는 매우 중요하다. 기본적으로 투자는 지적인 도전이다. 인간을 둘러싼 시공의 상황과 돈의 숫자가 어우러진 예술적 행위이고 동시에 전쟁이라는 인식을 전제로 도전을 해야 하기 때문이다.

특히 숫자 변화가 많은 투자는 주로 금융시장에서 일어나는데 주식투자가 대표적인 분야이다. 매 시간별로 시세차익이 생기고 그에 따른 이익과 손실이 극명하게 나타나는 상황에서 투자란 어떤 의미를 지닐까?

투자는 숫자감각과 돈에 대한 올바른 태도를 통해 심리와 전략을 일치시키는 것이다. 투자심리와 투자전략을 일치시킨 다음에 투자의 기회와 위험, 다양한 숫자의 변화와 폭등과 폭락, 상승, 하락에 대한 전망을 할 수 있어야 한다.

주식시장을 예로 들면 소액투자자로 대변되는 개미군단이 있고 거액투자자로 분류하는 기관투자가, 전문적으로 투자를 하는 펀드회사 등 여러 조직들이 이익을 위해 서로 전투를 벌인다. 그러다 보니 순수한 자산 가치로 평가될 때도 있지만 외부의 영향으로 주가가 곤두박질칠 수도 있다. 재테크를 하는 사람들의 치밀한 수 읽기에 따라 엄청난 변수가 존재하기도 한다.

기본적인 패턴도 없고 감도 믿을 수 없다. 투자를 결정할 때는 기업 자체의 자료와 장세의 흐름, 여러 가지 정보를 전체적으로 분석해야 한다. 이때 결정적인 근거를 줄 수 있는 것이 바로 숫자감각이다.

"주가가 자신이 보유하고 있는 동안에 기록한 최고치보다 10~15퍼센트 하락하면 상승하거나 하락하는 것에 상관없이 매각해야 한다. 본능적인 감각을 믿으면 안 된다. 그 본능조차 잠재의식의 욕구를 반영한다는 것을 명심해야 한다."

주식투자에 관한 책에 빠짐없이 나오는 유명한 인리이다. 그러나 숫자감각이 철저하지 않으면 이 원리를 지키기 어렵다. 이 말과 마찬가지로 하락하는 장세를 비유해 "배가 가라앉을 때는 기도하지 말라"라는 유명한 격언도 있다. 배가 가라앉는지를 미리 파악하려면 수를 냉철하게 읽을 수 있어야 한다. 그래야 재빨리 뛰어내려 주변의 구조선을 찾아 옮겨탈 수 있다. 숫자의 변화가 치열할수록 숫자에 대한 감각은 더욱 냉철해야 한다. 왜냐하면 변화는 일정한 패턴이나 유형이 없고 감각만으로 도저히 알 수가 없기 때문이다.

18세부터 70년이 넘도록 투자를 계속하여 유럽 최고의 투자자로 명성을 쌓은 앙드레 코스톨라니는 투자에 대해서 간단하게 정리했다.

"일생에 적어도 2번 이상 파산하지 않은 사람은 투자자라고 불릴 자격이 없으며 성공적인 투자자는 100번 중 51번 이기고 49번은 잃는 사람이다."

이는 투자의 세계가 그만큼 치열하며 냉철한 숫자감각으로 무장하지 않으면 결코 성공할 수 없다는 것을 우회적으로 표현한 말이다. 숫자 변화가 치열하게 일어나고 있는 투자의 세계로 진입하려면 무엇보다 숫자감각을 익히는 것이 우선이다.

최고의 미래형 투자상품, 주식

한때 주식 열풍에 휘말려 돈을 잃어버린 사람들이 많다. 그들은 올바른 투자 자세를 잃어버린 자신들의 문제는 뒤로 하고 우리나라 기업들과 주식시장 큰손들의 파워, 후진적인 주식시장의 흐름만 탓한다.

그러나 정작 중요한 것은 주식투자자의 투자 성향을 비롯한 투자 연구와 투자 자세가 정립되어야 한다는 점이다. 저성장, 고령화시대를 맞이하여 앞으로 주식은 최고의 투자 수단으로 각광을 받을 것이다. 기본적으로 주식투자를 제대로 하려면 시류를 반영하며 경제 상황과 기업 자체의 가치, 투자자들의 심리와 투자처에 대한 냉철한 분석과 인식 등을 종합적인 숫사감각으로 포착해야 한다.

우리나라 증시의 약 40퍼센트 이상을 점유하는 외국투자자의 비율로 볼 때 주식은 국제화되어 있고 글로벌화되어 있기 때문에 장기적인 투자는 매우 낙관적이다. 또한 삼성전자 같은 우량주의 상승률에서 볼 수 있듯이, 주식투자는 장기적으로 기업 가치를 측정하는 척도 역할을 하고 기업과 개인이 함께 발전할 수 있는 기회가 되기도 한다. 그러므로 지금이라도 늦지 않으니 주식투자를 시작하라.

많은 사람들이 어떤 종목에 투자를 하면 좋을지 고민한다. 장기적으로 보고 재무구조가 양호하고 중장기적으로 사업 전망이 확실하며 주가가 상대적으로 저평가되어 있어 소수만이 찾는 미인주에 투자하는 것이 좋다. 많은 사람이 한꺼번에 투자하는 주식은 마음은 편안하겠지만 수익은 상대적으로 적을 수밖에 없다. 반면에 미인주는 다른 사람들과 함께 투자하지 않아 외롭지만 수익률은 매우 높다. 미인주를 찾아내는 안목을 키우려면 자신만의 투자기법을 개발해야 한다. 주식은 156배의 수익도 올릴 수 있는 최고의 미래형 투자상품이다.

자신만의 투자기법을 개발하라

온라인 투자상담사로 일하는 B씨는 7년 전 대기업에서 자진하여 퇴직하고 본격적으로 투자기법을 연구했다. 그는 대기업에서 편안하게 근무할 수 있었지만 수치적으로 계산해 보니, 15년 정도 더 근무하다가 55세쯤 되어 퇴직하면 수중에 남는 돈이 얼마 없을 것이라고 판단했다. 노후를 보낼 정도는 되겠지만 세계 여행 등 하고 싶은 일을 하며 여유롭게 살 수 없다는 판단이 들어 용단을 내렸고, 투자기법을 연구하며 자신만의 기준이 중요하다는 것을 깨달았다.

"시류에 휘말리면 안 되고 오로지 자신의 상황에 맞는 목표를 정하고 투자가 단타매매인지 중·장기 투자인지를 결정해야 합니다. 그리고 무엇보다 중요한 것은 숫자에 밝아야 하고 자신만의 감각과 투자 노하우를 개발하는 것입니다."

그는 온라인에서 투자자들에게 상담을 해주고 수수료를 받아서 수억의 연봉을 받고 있으며 자신만의 투자비법으로 수십억의 자산을 축적하고 있다.

주식투자를 할 때는 자신만의 투자기법을 완성해야 한다. 자신이 좋아하는 숫자의 원칙을 세워놓고 이를 철저히 지켜야 한다. 만일 욕심을 앞세우면 숫자는 질서를 잃어버린다. 즉 주식투자에서도 숫자와 감각이 조화를 이루는 숫자감각이 필요하다는 말이다.

나 역시 처음에는 아무 것도 모르고 열정만으로 마구 투자를 하다 여러 번 실패를 맛봐야 했다. 그런 실패를 경험하면서 철칙으로 삼은 것이 숫자의 원칙을 세우는 것이다. 숫자에 질서를 부여하고 거기에 감각이라는 직관을 가미하여 나만의 투자기법에 따라 투자를 했다. 그러자 투자수익률은 거짓말처럼 조금씩 올랐다.

주식뿐 아니라 부동산, 채권, 펀드 등 모든 투자는 대체적으로 많은 위험 요소를 내재하고 있기 때문에 숫자감각으로 냉철하게 투자분석을 하지 않으면 투자이윤은 크게 기대할 수 없다.

투자는 숫자의 게임이고 숫자가 지배하는 법칙대로 냉철하게 흘러간다는 사실을 알아야 한다. 부자는 단순히 감각으로 베팅하는 것이 아니라 숫자감각으로 통계를 내고 예측을 하여 리스크를 감당하는 것이다.

정확한 데이터로 리스크를
관리하라, 부동산 투자

숫자는 가치를 규정한다. 언어로 가치를 규정하는 것은 구체적이지 않고 적확하지도 않기 때문에 자칫 오판을 불러올 수 있다. 그러나 숫자는 명확하게 가치를 나타내며 수치의 변동이 투자의 가치로 나타나므로 오판의 여지가 없다.

그런 숫자 경영학적 관점에서 가장 큰 수의 집합, 큰 리스크는 부동산이나 해외 투자에 있다. 땅은 절대로 사람을 배신하지 않는다는 부동산 투자의 공식과는 달리 땅은 수치 변화가 매우 불안정하기 때문에 그만큼 리스크도 높다.

부동산 투자를 하는 사람들은 많지만 실제 투자이익은 그리 높지 않다. 성공한 부동산 투자가의 화려한 경험담이 투자 의욕을 고취시켜도 엄밀하게 숫자감각으로 계산해 보면 실리는 그리 높지 않다.

144

이는 부동산이 자체의 가치보다는 도시개발이나 실수요자의 증가 등 외부적 요인으로 인해 가치변화가 이루어지기 때문이다. 그렇기 때문에 부동산의 가격을 미리 예측하기가 쉽지 않아 많은 사람들이 낭패를 보는 것이다.

숫자 관리는 기본적으로 큰 숫자일수록 힘들며 감각만으로는 감당하기가 어렵다. 그러나 숫자감각이 뛰어난 투자자들은 어느 정도의 오차허용 범위 내에서 미래의 가치를 예측해 낸다. 초보투자자들이 전문가들의 의견이나 떠도는 정보에 의지하는 반면 뛰어난 투자자들은 정확한 숫자감각으로 리스크와 이윤의 함수관계를 계산해서 투자 성공률을 높인다.

부동산 투자에 있어 가장 위험한 것은 감만 가지고 투자를 결정하는 것이다. 자신의 감에 의해 투자를 해 온 사람이 "저는 제가 투자할 땅 위에 발을 딛고 서 있으면 금방 결정을 내릴 수 있습니다. 좋은 땅은 마음이 편해지고 느낌이 옵니다. 그러나 나쁜 땅은 불안하고 어딘지 모르게 거부감이 듭니다. 그것으로 투자를 결정합니다"라고 말하는 것을 들은 적이 있다.

얼핏 들으면 맞는 말 같다. 그러나 편하거나 불안한 느낌은 그날의 컨디션에 따라 좌우되는 것이며 구체적이지 않다. 숫자가 없는 감각의 세계는 예측이 어렵고 신뢰도가 떨어진다. 정확한 예측을 하려면 숫자가 반드시 개입되어야 하고 숫자로 생각하고 숫자로 감각을 느껴야 한다.

부동산 투자는 금융 투자와 달리 환금성이 뛰어난 것도 아니고 잘못 투자하면 꼼짝없이 현금이 묶이는 단점이 있기 때문에 주의를 해야 한다. 부동산 투자 역시 주식처럼 가치투자의 관점에서 장기적인 안목이 필요하지만 가능한 중·단기의 수익률을 거두는 것이 바람직하다. 그렇기에 투자를 결정할 때는 반드시 수치의 흐름을 살펴봐야 한다.

정확한 데이터를 바탕으로 해외로 눈을 돌려라

우리나라 부동산 거품현상에 대한 우려의 목소리가 끊이지 않으면서 해외 부동산 투자가 늘고 있다.

하지만 해외 부동산 투자의 명암은 아직 정확히 나타나지 않았다. 좀 더 지켜봐야 알 수 있을 것이다. 투자 속성상 이익과 손실이 동전의 양면처럼 나타나며 개별적인 차이가 많기 때문에 속단할 수 없다. 물론 현지에 가보지도 않고 정보에만 의존해서 투자를 하는 경우에는 리스크가 높을 수밖에 없다. 그러나 해외 투자에 있어서도 필수적인 공식은 숫자감각이고 그에 따라 정확한 자료 분석을 하면 의외로 수익률은 높아진다.

현재 중동의 두바이에서 부동산 개발을 하는 D건설의 K사장은 해외 투자에 대해 이렇게 말했다.

"해외 투자는 위험성이 높은 것처럼 보입니다. 물론 무턱대고 투자를 하면 그렇지만 정확하게 현지 상황을 파악하고 통계와 변화수치, 심지어 통계 변동까지 정밀하게 자료를 분석하면 실제 위험성은 그리 높지 않습니다. 정확한 데이터로 분석하면 수익률도 어느 정도 예측이 가능하며 부가가치도 높게 나타납니다.”

그 당시만 해도 두바이 프로젝트를 그리 낙관적으로 보지는 않았다. 하지만 그는 두바이가 모래 벌판에서 막 공사를 시작하는 시점에서부터 그곳을 주목하고 건설업과 부동산 개발 사업을 동시에 진행했다. 홍콩을 능가하는 큰 국제무역도시로 성장하는 비전과 청사진을 현지에서 직접 눈으로 확인하며 면밀히 조사하고 분석했던 것이다. 그 분석을 통해 두바이의 부동산 투자는 단기적으로도 상당한 성공을 거두고, 장기적으로도 수익성이 매우 높다는 것을 발견할 수 있었다.

그는 국내의 투자자들을 직접 인솔해서 현장을 보여주고 정확한 현지 시세와 비전을 설명한 후에 투자를 하도록 했다. 그의 현장주의와 냉철한 숫자분석에 의한 해외 투자는 절묘하게 맞아 떨어졌다. K 사장은 두바이에서 주상 복합 상가에 투자해서 큰 이윤을 남겼으며 부동산 개발 사업으로 많은 사람들에게 시세차익을 안겨주어 그들이 부자가 되는 데 일조했다.

지금은 글로벌 시대이다. 해외 투자를 꺼릴 것이 아니라 정확한 정보를 수집하고 세밀한 자료 분석을 비롯한 숫자감각으로 투자를 해보는 것도 좋다.

큰 숫자를 다루는 감각이 냉철할수록 부동산 투자나 해외 투자의 성공률은 높아진다. 숫자를 잘 다룰수록 리스크를 감수하는 투자가 아니라 리스크를 관리하게 되고 이윤을 창출할 수 있는 비즈니스로 전환되기 때문이다.

　제너럴 일렉트릭(GE)의 전 회장 잭 웰치는 시장가치 120억 달러에 불과했던 복잡한 공룡기업을 가장 단순하고 민첩한 조직으로 탈바꿈시켜 4,500억 달러 규모의 세계 1위 기업으로 키웠다. 경영혁신을 주도한 그의 경영철학과 전략은 이제 세계 비즈니스의 기준이 되었다. 그의 경영전략에 대해서는 이미 수없이 많은 연구와 분석이 나와 있지만 그 기조에 숫자감각이 있음을 주목할 필요가 있다.

　그는 회장에 취임하여 개혁의 일환으로 직원 수를 줄이는 작업부터 했다. 아무리 거대 기업인 GE라고 해도 약 8만 명을 정리해고하는 것은 결코 쉬운 일이 아니었다. 하지만 그는 그 일을 결행하여 중성자탄 잭이라는 별명까지 얻었다.

　그는 또한 일등주의를 천명했다. 지금은 널리 알려진 경영혁신의 구상에 관한 스토리는 잭 웰치가 레스토랑의 냅킨에 그린 한 장의 도해에서 비롯된 것이다. 그는 1983년 1월에 아내와 함께 레스토랑에서 식사를 하던 도중 문득 비전을 실현시킬 방법이 떠올라 냅킨에 3개의 원을 그리고 GE의 각 사업 부문을 적었다.

　3개의 원에는 GE의 핵심 사업 부문에 대한 구상이 들어 있었다. 그 3개의 원 위에는 "1등이나 2등－고쳐라, 매각하라, 아니면 폐쇄하라"라는 거시적인 목표를 썼다.

　GE의 일등주의는 현재 1등을 하거나 장래 1등을 할 수 있는 업종이 아니면 흑자경영이 된다고 해도 정리하는 극단의 개혁이었다. 그는 품질혁신과 고객만족을 달성하기 위해 기업 경영전략으로 숫자감각의 극치이며 21세기형 기업전략으로 손꼽히는 유명한 6시그마를 채택했다.

6시그마의 기업 경영전략

그는 자서전에서 6시그마에 대해 "지금도 나는 6시그마의 열렬한 팬이다. 6시그마란 1995년 GE가 모토로라로부터 도입하여 오늘날까지 지속적으로 적용하고 있는 품질 혁신운동이다. 기업의 경영 효율성을 증진시키고 생산성을 증대시키며 비용을 절감하는 데 있어 6시그마보다 더 효과적인 것은 없다. 이는 설계 과정을 개선하여 불량품을 줄이면서도 빠르게 상품을 출시하여 고객의 충성도를 이끌어낸다. 가장 중요한데도 가장 알려지지 않은 6시그마의 혜택은 훌륭한 지도자 집단을 개발해 낼 수 있는 역량이라 할 수 있다"라고 적었다.

6시그마는 숫자감각이 바탕이 된 가장 과학적인 경영전략이다. 그것은 통계적 측정과 관리 철학을 동시에 의미하며 사람의 힘(People Power)과 과정의 힘(Process Power)을 결합시키는 것으로 숫자감각을 중심으로 실행된다.

구체적으로 살펴보면 6시그마는 실수, 낭비, 재작업을 없애는 데 중점을 두는 관리인 동시에 달성하려는 구체적인 목표 수치를 설정하는 전략이다. 소비자의 만족을 높이며 수익을 획기적으로 높이기 위한 전략적 문제 해결 방법을 제시한다. 또한 교육적인 측면에서 근로자들에게 자신의 일을 과학적이고 근본적으로 개선하는 방법을 알려주고 새로운 성과 수준을 지속적으로 유지하도록 한다.

이것은 숫자 중심의 간단한 통계에 기초를 두고 의사결정을 할 수 있는 기본 이론과 구조, 마인드 확립까지를 알려주며 투자에 대한 수익과 자신의 재능에 대한 보상도 해준다.

예를 들어 다이어트를 하려고 한다면 '날씬해지도록 살을 뺄 거야'라고 마음 속으로만 다짐하는 것보다 "키가 165센티미터이고 몸무게가 65킬로그램이니까 앞으로 40일간 하루에 300그램씩을 뺄거야. 최소한 12킬로그램을 빼서 53킬

로그램이 될거야"라고 말하는 것이 명확하다. 또한 다이어트를 할 때에는 모니터링과 통제를 해야 하는데, 매일 체중계로 체중을 측정하고 몸무게를 통제하기 위해 칼로리를 낮추는 것까지 숫자로 철저하게 관리해야 한다. 숫자가 알려주는 현재의 상태를 파악하고 달성하려는 목표의 시간과 무게를 정했을 때 훨씬 명확하게 다이어트를 실행할 수 있다.

6시그마는 달성하려는 목표를 숫자로 표시하는 것이다. 목표 수치가 없다는 것은 무엇을 해야 하는지 모르는 것과 같다. 무언가를 개선할 때 우선, 현재의 상태와 달성하려고 하는 목표를 파악해야 한다. 숫자는 이를 명백하게 보여주고 개선하도록 한다.

결국 6시그마는 모든 것을 숫자로 표시하고 무엇을 언제, 어느 정도까지 고쳐야 하는지 숫자에 따라 실행해야 하는 프로그램이다.

그렇기 때문에 목표를 달성하려면 숫자로 써봐야 관리할 수 있다. 따라서 6시그마의 원리는 최종적으로 숫자감각으로 귀결된다. 숫자를 중심으로 경영철학을 정립한 프로그램이다.

숫자감각의 단순성과 질서

잭 웰치는 숫자감각의 특성인 단순성이 지닌 질서를 중시했다. 그는 개혁의 구호를 "단순하게 살자"로 정하고 정착적 수직 사고를 뜯어고쳐 복잡한 결재 라인을 단순화함으로서 회장이 직접 현장 부서와 대화할 수 있도록 했다. 신속성과 간편성을 강조한 것이다. 그는 간편성에 대해 이렇게 말했다.

"우리는 간편해지지 않으면 스피드를 낼 수 없고 스피디하지 않으면 승리할 수 없습니다. 간편해지기 위해서는 자신감과 지적인 자기 확신을 가져야 합니다. 자신 없는 부장들은 무엇이든 복잡하게 만들려고 합니다. 자신 있는 부장들은 서류 뭉치를 좋아하지 않습니다. 사람들은 대체로 간편한 것을 두려워하고 간편한 것이 좋다는 것을 인정하지 않습니다. 사실은 반대입니다. 명석하고 강력한 사람들은 가장 단순한 사람들인 것입니다."

그는 간편성과 더불어 숫자감각의 중요성에 대해서도 강조했다.

"여기 회장실에는 각 현장에 대한 세부 자료는 없지만 보지 않고도 알 수 있습니다.

우리는 자금을 분배하는 일을 합니다. 이 일엔 타고난 재무감각이 있어야 합니다.”

경영의 신, 잭 웰치의 경영전략의 기조에도 어김없이 숫자감각이 강하게 깔려 있다. 잭 웰치의 개혁, 6시그마, 스피드, 변화에 대한 열정 등을 분석해 보면 그 중심에는 어김없이 숫자감각이 핵심 코드로 자리하고 있다.

부자 경영학의 핵심 원리

HOW TO
GET RICH

부와 리스크는 쌍생아처럼 동시성을 지닌다

부자는 부와 리스크를 동시에 가지고 있다. 부는 리스크를 극복함으로서 이루어진다. 재테크를 통해 축적된 자금이 있다고 해도 끊임없는 리스크 관리로 안전을 유지해야 한다. 부자와 리스크는 필연적인 관계에 놓여 있으며 이 두 조건은 쌍생아처럼 동시성을 가진다.

기본적으로 부자는 리스크를 통해서 부를 축적한다. 일반적으로 안전만 추구하는 사람들은 큰 부를 축적하기가 힘들다. 리스크가 큰 만큼 부가가치도 높고 이윤도 크기 때문이다.

리스크 관리는 특별한 숫자감각을 가진 사람들이 가장 선호하는 재테크의 기술이다. 부자들은 위기를 운 좋게 피하는 것이 아니라 리스크를 감수하는 역량을 키운다. 그들은 10퍼센트의 성공 확률만 있어도 냉철한 숫자 관리와 독특한 감각으로 가능성을 최대한 살려 성공으로 이끈다. 그들은 리스크를 단순하게 극복하기보다는 리스크를 관리하고 부가가치를 높여 최대한의 수익을 올린다.

부자의 리스크 관리 기술은 예술의 경지와 비슷하다. 최고의 투우사가 성난 황소의 뿔을 보지 않고 정확한 타이밍과 감각으로 창을 꽂아 승리를 거두는 것처럼 절묘한 일이다. 성난 황소의 뿔이 리스크라면 투우사의 기술은 예술로 찬사를 받으며 관중을 환호하게 만드는 감각이다.

리스크 관리 능력에 따라 재테크의 성과가 결정된다. 어떤 분야에 투자를 하더라도 베팅을 해야 하고 그 성공 여부는 미리 알 수 없다. 그런데도 보통 투자를 위한 베팅을 하면서 이윤을 먼저 측정하고 지출을 너그럽게 잡는 경우가 많다. 그렇게 되면 지출의 변수가 많아지면서 매출이 줄어들 때 여지없이 손실이 난다. 숫자감각이 결여된 상상력은 망상이 되기 쉽고 현실적으로 실현되기가 어렵다.

냉철하게 생각해 보면, 세상은 온갖 리스크로 가득 차 있고 엄청난 변수들이 도처에 산재되어 있기 때문에 리스크를 관리하는 수준이 부의 정도를 결정하며 리스크에 대한 숫자감각이 발달할수록 재테크는 크게 이루어질 수 있다.

투자는 본질적으로 모험 없이 이익을 얻을 수 없다. 그래서 부자와 리스크는 쌍생아와 같다. 리스크를 세밀하게 검토하고 베팅을 할 수 있는 자세로 재테크에 나서야 한다. 그렇게 하려면 리스크를 받아들이는 숫자감각의 기술을 갈고 닦아야 한다. 리스크를 냉철하게 관리하는 숫자감각이 강화되면 부자가 되는 확실한 기술을 습득한 것이다.

리스크, 피하지 말고 과감하게 대항하라

리스크를 잘 관리하는 사람은 성공적인 삶을 산다. 대부분의 성공한 사람들이 밑바닥의 쓰라림을 경험했다. 그들 중 인생에서 큰 실패를 겪지 않고 성공을 거둔 사례는 거의 없다. 다시 말해 리스크 관리 능력은 실패를 통해 얻는 경우가 많다. 연극이나 영화에서는 리허설이 있지만 재테크에는 리허설이 없다. 사소한 몇 가지의 오판이 큰 실수로 이어지고 결과적으로 엄청난 손실을 가져온다. 이란에서 건설업을 했던 K씨가 리스크 관리에 대한 쓰라린 경험을 이야기했다.

"이란에서 건설업의 기반을 잡고 한참 잘되고 있을 때, 생각지도 않던 문제가 터졌습니다. 공장 굴뚝 공사를 하던 중 굴뚝이 무너지는 사고로 인부 7명이 사망했습니다. 저는 그 사고로 이란에서의 기반을 거의 다 잃었습니다. 재산상의 손실은 이루 말할 수도 없었습니다. 이란 국영 TV에서 톱뉴스로 다뤄지고 현장은 아수라장이 되고, 손실도 손실이지만 정신적인 충격이 얼마나 컸는지 한동안 정신을 차릴 수 없었습니다."

그는 사고가 일어난 그 몇 초 만에 10년간 피땀 흘려 번 돈을 다 날렸다. 그는 사고 수습 후 사고의 원인을 밝혀냈다. 사소한 안전장치를 소홀히 다뤘기 때문이었다. 사소한 실수로 어처구니없게 비싼 수업료를 낸 것이다.

그는 그 일을 통해 근본적으로 리스크 관리에 대한 의식이 바뀌었다. 이후에는 철저한 리스크 관리를 통해 다시 예멘의 대규모 공사를 수주받았고 재기에 성공했다. 그는 부자와 리스크에 대한 관계를 명쾌하게 정의했다.

“리스크를 회피해서는 안 됩니다. 과감하게 리스크에 대항하는 태도와 자세를 가지고 냉철하게 리스크를 예측하고 대처 방안을 마련해야 합니다. 부자는 리스크와 평행선상에 있으므로 리스크를 잘 관리하여 더 큰 부를 얻어야 합니다.”

대개의 사람들은 리스크를 계산하는 방법으로 상상력을 이용한다. 그러나 상상력은 실제 도움이 안 된다. 리스크는 시간과 공간, 돈이라는 숫자와 자칫 놓치기 쉬운 허점으로 나타나기 때문에 숫자의 기록과 감각을 발휘하여 철저하게 대처 방안을 준비해 대응해야 한다.

리스크를 계산할 때는 수학공식을 풀듯 신중하고 정확해야 한다. 현실적인 방안들을 모두 숫자로 환산하고 그에 맞게 수치의 통계를 내고 정확하게 변수를 찾아야 한다. 실수와 가상의 허수를 종합적으로 판단하고 분석함으로서 변수를 찾아내야 한다. 리스크 계산이 제대로 이루어져야 그에 맞춰 일을 제대로 진행할 수 있다.

부를 이루는 핵심 기술,
리스크 관리

전문투자자인 O씨는 리스크 관리에 대해 "생명을 걸고 갈 때까지 간다"는 독특한 철학이 있다.

"가진 건 건강한 몸 하나밖에 없지만 꿈을 꾸는 한 이룰 수 있습니다. 용기와 확신을 가지고 일념을 가지면 이루지 못할 것이 없습니다"라고 그는 입버릇처럼 내뱉는다.

전문투자자로 주식과 채권, 펀드에 투자를 하면서 지금까지 수없이 많은 리스크를 극복하고 수백억 원대의 자산을 축적한 그의 눈빛은 예사롭지 않았다.

"성공과 실패의 차이는 단 2퍼센트입니다. 51퍼센트의 성공 확률과 실패 확률 49퍼센트의 오차범위는 2퍼센트인데, 그 2퍼센트의 절반인 1퍼센트가 현상 유지입니다. 그런데도 사람들은 1퍼센트의 확률밖에 없는 안전을 추구하죠. 숫자로 계산해 보면 명확하게 알 수 있는데도 안전을 추구하니 참 이상한 일입니다.”

그는 주식이나 채권, 펀드에 일정한 투자 패턴은 없지만 숫자는 매번 나타나고 결국 숫자로 시작해서 숫자로 끝나기 때문에 재테크는 숫자에 대한 원칙과 철학이 있어야 한다고 주장했다. 또한 리스크 관리에 대해서 자세히 말했다.

“잠시만 정신을 놓고 있어도 리스크는 해일처럼 몰려옵니다. 리스크를 극복하기 위해서는 리스크와 맞서야 하고, 치밀하게 수를 읽는 계산 능력을 가져야 합니다. 제가 생각하는 리스크 관리 비결은 숫자 관리와 일맥상통합니다.”

그는 숫자 관리와 리스크의 관계에 대해서 다음과 같이 말했다.

“모든 리스크는 숫자와 관계가 있습니다. 시간과 돈, 인적 자원이 모두 숫자의 질서와 체계를 잡고 있으면 안전한 것이지만 흐트러지고 불안정하면 곧 리스크입니다. 그렇기 때문에 리스크 관리는 숫자와 감각의 관리라고 할 수 있습니다.”

그는 무서울 정도로 놀라운 숫자 기억 능력과 탁월한 계산 능력을 가지고 있었다. 17년 전 부산에서 상경해서 전문투자자로 입지를 세우고 성공하게 된 것은 전문성을 갖추고 리스크를 철저하게 관리한 덕분이었다.

재테크에 있어 안전은 존재하지 않는다. 만약 안전을 추구하며 온갖 걱정에서 벗어나려고 한다면 부를 축적하기는 힘들다. 안전은 빈곤과 연결되기 쉽다. 투자는 이익을 목적으로 돈을 베팅하는 것이기 때문에 손실의 리스크는 반드시 따르게 마련이다. 그래서 리스크와 이익은 대개의 경우 비례하며 리스크가 낮으면 그만큼 수익도 낮다. 결국 부자가 되기 위해서는 리스크를 적절하게 사용할 줄 알고 리스크가 발생하면 적합하게 대응해야 한다.

감춰진 숫자의 폭발, 리스크

리스크를 관리하는 최고의 방법은 무엇일까? 열정, 비전, 커뮤니케이션 능력을 가지고 숫자감각으로 냉철하게 현실적인 인식을 하는 것이다. 리스크 관리를 하는 최적의 조건으로 열정, 비전, 커뮤니케이션 능력을 꼽는 이유는 열정은 심장에서 뿜어나오는 자신의 에너지를 나타내고, 비전은 뇌에서 구상되는 에너지를 나타내며, 커뮤니케이션 능력은 타인과의 소통을 위한 에너지이기 때문이다. 이러한 조건을 지닌 상태에서 안전과 확실성을 추구하기 위한 리스크 계산이 이루어지면 리스크를 보다 잘 관리할 수 있다.

열정, 비전, 커뮤니케이션 능력이 갖춰진 상태에서 자신의 자산이 현재 얼마의 수치를 지니고 있고 내년 혹은 10년 후에는 얼마나 될지 오차범위 내로 계산할 수 있는 것이 리스크 관리 능력이다. 자신의 에너지와 외부의 상황에서 계속해서 발생하는 변수에 대응할 수 있고 숫자감각이 발달했다면 리스크 관리 능력이 탁월하다고 볼 수 있다.

그렇다면 리스크 관리에 있어 숫자는 어떤 의미를 지닐까?

사람들은 겉으로는 감정 때문에 다투지만 사실 알고 보면 감춰진 숫자를 두고 암투를 벌이다가 마침내 바깥으로 폭발한 것이다. 문자언어와 숫자언어가 대립할 경우 결론적으로 따져야 할 것은 숫자언어이다.

예를 들어 부부가 감정상의 다툼으로 법정까지 간다고 했을 때, 그들이 마침내 따져야 할 몫은 감정의 분량이 아니라 이혼소송을 통해 서로 챙겨야 할 돈이라는 숫자이다.

일반적으로 생각하는 것과는 달리 시간이나 돈의 숫자 관리는 일정한 아픔과 고통이 따르기 마련이다. 그런 의미에서 보면 무엇인가를 걱정하는 상태는 삶의 지극히 자연스런 일부이고, 우리가 이런 고통을 받아들이는 형식은 문자언어로 표현되지만 실제 내용을 보면 그 이면에는 대개 숫자가 깔려 있다.

걱정을 단순히 감정으로만 보지 않고 걱정 속에 담겨 있는 숫자로 환산해 보라. 걱정을 전혀 하지 않으려면 숫자를 완전히 떠나면 된다. 하지만 걱정 대신 가난이 정착할 것이고 가난이 주는 숫자의 고통을 또 맛보아야 할 것이다.

우리는 열정, 비전, 커뮤니케이션 능력을 함양함은 물론이고 리스크의 허용 범위를 숫자감각으로 냉철하게 찾아내고 최대한 리스크를 관리할 때 최고의 성과를 얻을 수 있다.

게임의 법칙으로 리스크를 관리하라

세계 최고의 갑부 빌 게이츠는 하버드대학에 입학한 후에도 공부보다는 포커를 즐겼다. 포커를 좋아했던 그는 사업에서도 확실한 판단이 서면 시간과 돈을 아끼지 않고 투자하는 포커 게임식 비즈니스 감각으로 경영을 했다.

포커 마니아 사이에 "포커를 잘 치는 사람은 비즈니스 감각이 발달했다"라는 말이 있다. 이 말은 포커게임 자체가 투기와 투자의 요소가 결합되어 있고 협상과 타협이 이루어지도록 되어 있기 때문에 생겨난 것이다. 반드시 포커가 비즈니스와 일치하지 않을지는 모르지만 어떤 게임의 법칙이든 유사성이 있기 때문에 어느 정도 설득력이 있는 말이다. 실제 경영이론에 보면 게임이론이라는 것이 있고, GE의 전 회장 잭 웰치는 비즈니스를 게임이라고 말했다.

따라서 포커 혹은 고스톱이라는 게임이 어떻게 진행되는지를 분석해 보는 것도 리스크 관리에 많은 도움이 될 것이다. 일단 포커는 숫자를 통한 고도의 전략과 전술이 필요한 게임이다. 높은 숫자를 지니고 있으면서도 상대의 포커페이스에 밀려 게임에 질 수 있다. 게임을 진행하면서 한 번씩 하는 체크를 통해 베팅을 포기하는 사람이 있고 베팅을 늘리는 사람이 있다. 최후의 승자가 누군지는 마지막 체크와

오픈을 통해 밝혀지고 그 전까지 고도의 전략과 전술이 펼쳐진다.

포커는 숫자감각과 리스크를 고려한 베팅을 할 수 있으며 특이한 점은 낮은 수의 카드를 들고 있어도 베팅을 하면 높은 수의 카드를 든 상대를 이길 수도 있다는 것이다. 또한 패가 잘 들어오지 않을 경우에는 중간에 그만둘 수도 있다. 하지만 나쁜 패를 들고도 끝까지 심리전을 벌이고 자기 의지에 따라 상황을 컨트롤하면 승리할 수 있다. 포커는 베팅에 대한 인간의 심리적 한계를 시험한다. 많은 변수와 냉철한 숫자감각을 통해 인간의 심리가 첨예하게 대립하고 전략과 전술, 도전과 응전이 이루어진다. 이는 비즈니스에서도 꼭 필요한 감각이다.

한편 고스톱에는 "못 먹어도 고"라는 말이 있다. 수 읽기보다는 다분히 오기가 있는 감정으로 "고"라고 호기 있게 외치고 게임을 진행하는 것을 의미한다. 일정 점수 이상이면 고를 할 수 있는 자격이 주어지며 그 시점에서 고를 할 것인지, 스톱을 할 것인지를 결정해야 한다. 자신이 고를 외칠 경우 상대가 점수를 더 낼 수도 있기 때문에 감각과 정보 분석을 비롯한 다양한 수 읽기를 해야 한다.

포커는 중간에 빠질 수 있는 룰이 있는 반면 고스톱은 일단 시작하면 빠질 수가 없다. 낮은 점수로 떨어지기 시작하면 회복할 수 없는 경우가 많다. 이 '빠질 수 없다'는 룰과 '고와 스톱'에 대한 압박이 고스톱의 묘미 중 하나이다. 정확한 판단이 이루어진 상태에서 '쓰리고'를 하고 '피박'을 씌우면 엄청난 점수를 얻을 수 있다. 그러나 자칫 판단의 오류를 범할 경우, 다 이긴 게임이 막판에 뒤집히는 위험성도 있다.

사업 역시 마찬가지이다. 정확한 상황 판단이 필요하다. 이렇듯 모든 게임의 법칙은 숫자와 관련이 있고 숫자들의 변수와 리스크 관리를 통해 승부가 결정된다. 스포츠, 정치, 경제, 사회, 문화에 대한 정확한 측정은 숫자로 판명되고 어떤 종류의 승부든 숫자로 표현되어야만 한다. 예를 들면 축구는 정해진 시간, 선수의 수, 점수가 가장 기본적인 게임의 법칙이다. 그 법칙 아래 전략과 전술이 펼쳐진다.

모든 게임에서 처음부터 끝까지 계속되는 것은 상대의 수를 읽으며 리스크를 관리하는 숫자감각이다. 어떤 숫자를 통해 상대보다 우위에 설 것인지를 판단하고 상대의 수를 읽으며 게임하는 것이다.

따라서 모든 게임의 법칙에서 냉철한 수 읽기와 리스크 관리는 어떤 감정이나 상황보다 우선시해야 할 실제적인 정보이다. 숫자감각의 관점에서 보면 진정으로 숫자를 지배하는 감각을 지닌 사람이 게임의 법칙을 제대로 알고 최후의 승자가 된다.

돈의 원리를 결정하는
에너지 경영

뛰어난 CEO의 특징 중에서 빼놓을 수 없는 요소로 에너지를 들 수 있다. 그들은 대개 일반인들보다 몇 배는 강렬한 에너지를 지니고 있고 그 힘이 막강하다. 일반적인 기준으로 측정할 수는 없지만 숫자감각으로 판단하면 그들이 활동하는 시간과 성과의 비율로 충분히 에너지를 알 수 있다.

에너지는 숫자와 감각으로 나타나며 환원할 수 있다. 자기 분야에 성공한 사람이나 부자는 강렬한 열정과 의지를 지니고 있으며 높은 에너지 레벨을 유지하고 있다.

에너지 가치가 돈의 숫자와 감각을 결정한다

에너지는 어떤 일을 할 수 있는 능력이다. 일반적으로 능력이란 현재 활용이 되는 에너지를 뜻하며 잠재능력은 현재 활용되지 않고 있지만 활용 가능한 에너지를 뜻한다. 에너지의 원리는 본질적으로 무(無)에서 나오는 것이 아니다. 어떤 과정을 통해 축적된 에너지가 특정의 가치와 비전을 향해 발산되면서 창조적 성과로 나타난다. 그렇기 때문에 단순한 힘이라는 측면에서 노동생산성을 포함해서 가치 창출에 이르기 까지 에너지가 미치는 범위는 매우 광범위하다.

"돈벌이가 잘될 때는 몸도 안 아프고 힘이 솟구치더군요."

J씨는 오랫동안 고생을 했고 몸이 좋지 않았는데 에너지를 강화한 후에 돈벌이가 잘되고 몸도 건강해졌다. 사실 주변에서 흔히 볼 수 있는 현상이다.

그런데 에너지와 돈의 원리는 숫자감각과 매우 깊은 관련이 있다. 주유를 할 때 일정한 금액을 지불해야 기름을 공급받는 것과 같다. 기본적으로 돈의 원리는 숫자감각과 맞물려 물질의 가치와 물물거래, 가격에 기반을 두기 때문에 에너지의 속성을 지니고 있다.

다른 식으로 표현하면 돈은 물질에너지의 가치 척도를 기준으로 형성된 숫자이다. 감각적으로도 실제 삶에서 어떤 물질로든 환원될 수 있다. 돈은 가치창조의 결과로서 수확하는 것이기 때문에 돈의 원리 자체가 에너지의 숫자와 맞물려 있으며 에너지의 가치가 돈의 숫자와 감각을 결정한다. 그렇기 때문에 에너지는 분명히 돈의 원리를 통해 숫자감각으로 측정이 가능하다. 예를 들면 노동자는 에너지 발산을 통한 노동 가치를 중심으로 돈의 원리를 구현한다. 스포츠 선수의 경우는 에너지와 돈의 원리로 몸값으로 불리는 연봉체계가 형성된다. 에너지의 가치가 돈의 원리로 전환되면서 숫자감각을 지니게 되는 셈이다. 따라서 만약 어떤 사람이 열심히 공부를 해서 자격증을 따고 고임금을 받는 전문직 종사자가 되었다면 에너지 총량이 돈의 원리를 구현하며 숫자감각으로 인식이 된다. 돈 자체가 에너지이기 때문에 당연한 결과이며 에너지는 돈의 원리를 구성하는 숫자감각의 절대적인 가치 기준이다.

에너지 시스템

기본적으로 에너지를 쌓아야만 발산도 할 수 있다. 사실 한 인간이 태어나서 성장하며 사회활동을 하고, 은퇴를 하고 삶을 마감하는 순간까지 일평생 에너지가 돈의 원리와 함께 구현되면서 순환한다. 에너지 시스템은 다음과 같다.

1. 에너지 공급

기본적으로 음식과 식품(물과 공기)을 통해 에너지가 공급된다. 외부의 물질이 인체 내부로 흡수되는 것을 에너지원으로 하며 사람과 에너지 공급의 차이에 따라 에너지 레벨이 달라진다. 그래서 평소에 꾸준히 에너지 공급을 하고 있는 사람과 별로 신경을 쓰지 않는 사람의 에너지 레벨은 크게 차이가 난다.

2. 에너지 순환

에너지의 순환은 운동과 레저를 통해 이루어진다. 아무리 충실하게 에너지 공급을 순환을 시키지 않으면 에너지 정체 현상이 생겨 발전이 저해될 수 있다. 공급과 함께 적절한 순환이 이루어져야만 에너지는 더 강한 힘을 발휘할 수 있다. 부자들은 골프나 등산, 조깅 등의 운동을 통해 꾸준하게 에너지를 순환시키고 있다.

3. 에너지 충전

에너지는 교육과 훈련을 통해 충전할 수 있다. 에너지 공급과 순환이 저하되면 저력을 발휘할 수 없으므로 에너지를 충전해야 한다. 에너지는 충전을 통해 몸과 정신 속에 축적이 되며 적시적소에 최대의 능력을 발휘할 수 있게 한다. 어떤 분야에서든 최고가 되려면 교육과 훈련을 통해 충분한 전문지식을 쌓아 에너지 충전을 해야 한다.

4. 에너지 발산 – 직무 수행과 연구개발

에너지의 발산은 직무 수행과 연구개발에 이르기까지 광범위하게 이루어진다. 학생이 공부를 하고 운동선수가 운동을 하며 노동자가 일을 하는 모든 것이 에너지 발산이다. 그런 점에서 어떤 형태의 에너지 발산이든지 직·간접적으로 돈의 원리와 관련이 있다고 할 수 있다. 실직자나 은퇴한 고령자라고 해도 예외는 없다. 단지 어떻게 관련이 있는가 하는 차이만 있을 뿐이지 기본적으로 에너지 발산은 삶의 환경과 조화되며 균형을 잡는다.

에너지 경영

에너지 경영은 부자 경영학의 기초 1단계이다. 이는 돈의 원리를 이해하고 그에 맞게 에너지 레벨을 높이고 관리하는 것을 뜻한다. 육체적인 에너지와 정신적인 에너지를 강화하여 실제 경영에서 비전과 가치를 구현할 수 있도록 효율적으로 관리하는 것을 의미한다.

강렬한 열정과 의지를 지닌 사람이라고 해도 성과가 없고 실패만 거듭한다면 에너지 경영을 제대로 한 것이 아니다. 에너지 경영은 에너지 레벨이 높아지면서 점점 현실적인 성과로 나타나 숫자감각으로 측정이 가능하기 때문이다. 에너지 레벨과 돈의 원리가 맞물려 돌아갈 때 비로소 에너지 경영을 잘한 것이다.

에너지 레벨이 성과를 결정한다

우주의 에너지는 무한하며 그 활용 범위에 따라 자유롭게 이끌어낼 수 있다. 일반적으로 알고 있는 근력, 기력, 정력, 활력, 뇌력 이외에도 보이지 않은 많은 에너지들이 존재한다. 에너지는 무한하므로 최고의 능력을 발휘하려면 특정의 에너지를 100퍼센트 발산해야 한다.

직장과 가정, 개인생활의 에너지는 나름대로 차이가 있고 쓰임새도 다르다. 에너지를 아끼려고 직장에서 게으름을 피우며 잉여에너지를 가정으로 가져오는 것이 가정생활을 위한 에너지에 도움이 될 것 같아 보여도 절대 그렇지 않다. 이 경우 오히려 가정생활의 에너지는 방해를 받는다.

에너지 경영은 능력 발휘를 위해 필수적인 조건이다. 에너지의 시스템을 확립하지 않으면 아무리 뛰어난 능력이 있다고 해도 그 능력이 약화되거나 소멸된다. 에너지 경영을 하기 위해서 가장 필요한 것은 바로 건강관리이다. 건강이 가장 중요하다는 것은 누구나 알고 있다. 하지만 건강을 위해서 현재 무엇을, 어떻게 하고 있는지를 생각해 보라.

다시 한 번 강조하지만 인생에서 가장 중요한 것은 건강이다. 건강은 무병한 상태만을 의미하는 것이 아니다. 병이 있어도 힘이 있는 사람이 있고, 병이 없어도 힘이 없는 사람이 있다. 에너지가 충만하며 꿈을 이룰 수 있는 능력과 성과로 나타날 때 진정한 건강을 느낄 수 있다. 진정한 건강은 힘이 넘치는 상태를 의미한다.

모든 에너지는 가치를 지니고 있으며 그 자체의 레벨을 지니고 있다. 가장 손쉽게 측정할 수 있는 에너지의 레벨은 돈의 원리와 직접적인 관련이 있다. 예를 들면 프로 스포츠 스타들의 연봉과 승률, 우승 상금과 그 선수의 에너지 레벨을 생각하면 쉽게 이해될 것이다. 프로골퍼 박세리, 김미현 선수, 미국에서 활동하는 프로야구의 박찬호 선수, 일본에서 활동하는 이승엽 선수, 영국 프리미어리그의 박지성 선수를 생각해 보라. 그들의 에

너지 레벨은 돈의 원리를 형성하며 숫자감각으로 나타난다.

보통 사람들도 자신의 연봉과 재테크 수준을 숫자감각으로 엄격하게 측정해 보면 자신의 에너지 레벨을 알 수 있다. 만약 자신의 에너지 레벨이 떨어진다고 생각되면 에너지의 공급을 위해 노력해야 한다. 좋은 음식을 선택하고 순환을 위해서 운동을 하고, 충전을 위해서 공부를 하며, 최선을 다해 에너지를 발산해 보라. 틀림없이 자신이 꿈꾸고 목표한 성과를 숫자감각으로 나타낼 수 있을 것이다. 에너지 레벨이 곧 그 사람의 성과를 결정함을 명심하라.

의식 경영으로
돈의 가치를 높여라

의식 경영은 부자 경영학의 중급 2단계이다. 의식은 한 사람이 지니고 있는 사고와 가치관의 뿌리이다. 인간이 사고를 하고 활동을 하는 전 과정을 의식이라는 거대한 시스템이 지배한다. 인간은 태어나는 순간부터 고유의 의식 코드를 타고난다. 성장기 동안 무의식과 현재의식의 교류를 통해 의식을 형성하며 끊임없이 새로운 의식을 받아들인다.

그렇기 때문에 의식 경영에 있어 숫자감각은 매우 중요한 의미를 지닌다. 숫자와 감각이 현재의식을 통해 무의식을 바꿔주지 않으면 의식이 따라가지 않는다. 잠재된 무의식을 숫자감각으로 깨워서 의식적으로 행동하도록 해줘야 한다.

실제로 의식은 인간 존재에 절대적인 영향력을 미친다. 대개 의식

은 문자언어와 숫자언어가 결합된 형태로 표출된다. 그래서 한 사람
의 사고와 언어의 관계, 숫자감각을 파악하면 그 사람의 현재의식을
알 수 있고 무의식의 작용을 통해 그 사람의 능력과 미래의 가치를
알 수 있다.

인간의 의식이 돈의 가치를 지배한다

　의식과 돈의 가치는 중요한 관련성을 지닌다. 부자는 올바른 부자
관을 통해서 돈의 가치를 매우 긍정적으로 인식한다. 유럽 최고의 투
자자인 앙드레 코스톨라니는 93세에 쓴 마지막 저서에서 돈의 가치
에 대해 "돈은 자유세계의 가치 척도이며 의학적 보호, 건강, 수명의
연장을 의미하고 무엇보다도 돈은 건강 다음의 특권인 독립성을 유
지하는 데 중요한 역할을 한다"라고 밝혔다. 그리고 돈에 관해 솔직
하고 과감하게 표현했다.
　"많은 사람들에게 돈은 힘과 지위를 상징한다. 돈은 기쁨을 가져
다주기도 하고, 주변에 사기꾼이나 질시꾼이 들끓게 만들기도 하며,
다른 사람들로부터 존경을 받게 만들고, 기생 근성을 가진 사람들이
꼬이게 하기도 한다. 그들 모두는 돈에 매료되어 있다. 왜냐하면 돈
이 많은 다른 것들을 매료시킨다는 것을 그들은 너무나 잘 알기 때문
이다."
　돈에 대한 가치철학은 대단히 중요하다. 돈의 가치를 의식에서 어
떻게 받아들이는가 하는 점이 중요하다. 그것은 의식 자체가 돈의 가

치를 규정하고 그에 맞는 활동을 하게끔 하는 원동력이기 때문이다.

의식의 차원에서 돈의 가치를 어떻게 규정하는가 하는 점은 지대한 결정력을 지닌다. 부자가 되는 의식의 첫 번째 단계는 솔직하고 진실하게 돈의 가치를 받아들이고 무의식에 긍정의 씨앗을 뿌리는 것이다. 예를 들면 무의식 중에 부자에 대한 부정적 의식, 돈의 가치에 대해 폄하하는 생각을 가지고 있는 사람은 절대 부자가 될 수 없다.

의식은 단순히 돈의 가치를 규정하는 데 그치지 않고 실제 경제 활동을 일으키는 주체가 된다. 만약 머리로는 돈의 가치를 이해하지만 가슴으로는 느껴지지 않는다면 돈을 빌리기 위해 주변 사람들을 만나보라. "돈 좀 빌려주십시오"라는 말이 입 밖으로 튀어나올 때까지의 망설임과 창피함, 거절에 대한 공포를 겪어보지 않은 사람은 모른다. 그 말을 한 번이라도 해본 적이 있는 사람이라면 돈의 가치를 뼈저리게 느꼈을 것이다.

돈으로 고통받는 사람의 관점이 아니더라도 돈의 가치는 생각하는 것보다 막강하다. 그러나 중요한 것은 돈의 가치를 인간의 의식이 지배하기 때문에 부정적인 의식을 가질 경우에는 힘든 상황을 겪을 수밖에 없다는 점이다. 돈의 원리와 가치를 제대로 알고 있는 사람은 부자가 될 수 있는 자산을 지니고 있는 것이고 가난에 찌든 사람은 의식이 혼탁해서 자산을 쌓지 못하는 것이다.

진정으로 부자가 되고 싶다면 먼저 올바른 부자관을 가짐으로써 의식부터 부자가 되어야 하고 돈의 가치를 정당하게 숫자감각으로 인식할 필요가 있다.

슈퍼의식 깊숙이 긍정의식을 심어라

의식은 크게 다음과 같이 3가지 종류로 나눌 수 있다.

현재의식	현재 상황을 감각적으로 느끼고 감지하는 의식을 나타낸다.
잠재의식	무의식으로 불리기도 하며 과거와 현재의 의식이 잠재되어 있다.
슈퍼의식	현재의식과 잠재의식을 움직이는 원초적 의식으로 우주의식과 통한다.

성공한 사람들은 슈퍼의식이 발달되어 있다. 슈퍼의식은 현실적으로 불가능한 것을 가능하게 하는 의식이다. 어떤 문제에 대처할 수 있는 힘과 유연성을 부여하는 강력한 의식이다. 따라서 부자가 되려면 반드시 긍정적인 마음으로 슈퍼의식 깊숙이 긍정의식을 심어야 한다. 그 방법은 100퍼센트의 용기와 확신을 가지고 행동하는 것이다.

긍정의식과 부정의식, 수치로 파악하라

보통의 생각과 달리 의식은 수치로 측정 가능한 영역이다. 긍정의식의 경우, 단 1퍼센트의 부정의식만 있어도 심각한 영향을 받는다. 부정의식도 마찬가지이다. 의식의 영역은 전염성이 강하고 서로 많이 충돌하기 때문에 구심점이 완전하게 서지 않으면 효과가 일어나기 어렵다. 긍정의식이 깊숙이 뿌리를 박고 용기와 확신에 가득 차 있어야만 강력한 힘이 일어난다.

이는 기본적으로 언어를 통해 알 수 있다. 긍정언어와 부정언어를 통해 스스로 의식의 상태를 측정할 수 있으며 의식의 상태에 1~100까지 숫자를 부여할 수 있다.

긍정언어

'나는 할 수 있다. 너는 대단해. 잘하고 있어. 최고야'와 같은 긍정언어는 긍정의식을 강화한다. 긍정의식은 밝고 활달하며 매사 즐겁고 기쁘며 행복하게 만든다. 어떤 상황에도 긍정적으로 생각할 수 있는 마음의 여유를 가지게 하고 자신감이 넘치게 만든다.

부정언어

'힘들다. 넌 그게 문제야. 잘못된 거야. 절대 안 될 거야'와 같은 부정언어는 부정의식의 씨앗이 된다. 우리나라 사람들의 대표적인 부정의식을 보면 언어와 의식의 관계를 알 수 있다.

다음 목록에서 5개 이상 해당 사항이 있으면 무의식 깊숙이 부정의식이 있다고 볼 수 있다. 자신의 의식을 측정해 보라.

1. 불운한 운명을 타고 났어.( )
2. 아무도 도와주는 사람이 없으니 뭘 하겠어.( )
3. 새롭게 시작하기엔 너무 늦었어.( )

4. 남들은 다들 잘하는데 난 왜 안 되는 거야.( )

5. 난 원래 잘 못해.( )

6. 운이 안 따라주니 뭘 하겠어.( )

7. 한다고 했는데 알아주는 사람이 없어.( )

8. 환경이 나쁘고 상황이 좋지 않아.( )

9. 내가 잘할 수 있는 것을 못하고 있어.( )

10. 차라리 가만히 있는 것이 나아.( )

11. 세상에는 나쁜 사람들만 득실거려.( )

12. 노력은 하지만 어쩔 수가 없어.( )

13. 이렇게 될 줄은 몰랐어.( )

14. 돈이 새기만 하고 모이질 않아.( )

15. 난 왜 이 모양일까?( )

16. 오래된 습관이라 고칠 수가 없어.( )

17. 새롭게 시작하고 싶지만 시간이 없어.( )

18. 난 왜 이렇게 실패만 하지?( )

19. 나는 나를 진짜 모르겠어.( )

20. 되는 대로 사는 것이 좋겠어.( )

이 질문지의 항목당 점수는 5퍼센트이다. 위 항목에 대해 긍정하면 부정의식이, 부정하면 긍정의식이 5퍼센트씩 가산된다. 총점 100퍼센트를 기준으로 하여 만약 60퍼센트 이하라면 가난한 상태라고 할 수 있다. 100퍼센트가 되어야만 부자가 될 수 있다.

긍정의식은 행동과 훈련으로 단련된다

긍정의식은 자기 긍정을 바탕으로 하는 행동인 동시에 훈련이다. 어떤 상황이나 조건에도 긍정한다는 것은 생각만으로는 안 된다. 스스로 억제하며 행동해야 하고 훈련을 쌓아야 한다. 인내는 생각보다 행동으로 나타나야 하는 것이며 몸이 먼저 움직이고 정신이 맑게 빛나야 한다.

긍정의식은 현재를 살며 과거, 미래를 동시에 응시하게 만들고 목표를 달성하게 한다. 생각은 단순할수록 좋으며 생각보다 행동이 우선해야 한다.

긍정의식은 플러스 에너지가 발산되게 한다. 업무를 추진할 때, 긍정의식이 발산되면 뛰어난 능력을 발휘한다. 긍정의식과 부정의식은 명백하게 숫자감각으로 느낄 수 있다. 자신의 몸에 10퍼센트의 부정의식이 존재하면 현실적으로는 90퍼센트의 장애물이 나타난다.

의식은 정확히 긍정의식과 부정의식의 숫자감각으로 나타나며 중간지대는 없다. 그래서 긍정의식은 성장을 지향하며 나아가 절대긍정의식으로 100퍼센트 채워져야 한다. 그렇게 되어야 슈퍼의식이 발동되기 때문이다.

부정의식은 유능한 사람조차 무능력하게 만들며 침체와 퇴보를 반복하게 한다. 100퍼센트의 절대부정의식이 형성되면 슈퍼의식이 역작용을 해서 실패와 좌절을 겪게 된다. 부정의식을 극복하려면 무엇보다 먼저 긍정의식을 키우는 훈련을 해야 한다. 우선 두려움을 용기로 전환하는 훈련을 해야 한다. 그런 후에 의심을 확신으로 전환하는 훈련이 뒷받침되어야 한다.

　부정의식은 몰아내지 않으면 차츰 무의식에 침투하고 결국 슈퍼의식에 영향을 준다. 그렇게 되면 연속되는 불운에서 벗어날 수 없다. 이는 단순히 심리적인 반복이 아니라 무의식과 슈퍼의식에 부정의식이 뿌리를 내린 결과이다. 100퍼센트 긍정의식으로 심신을 강화하는 것이 성공으로 나아가는 지름길이다.

1,008번의 실패, 1,009번째의 도전과 성공

　그의 나이 66세, 군인이던 그가 대령으로 퇴역한 뒤 식당을 운영하겠다고 했을 때 사람들은 모두 늦은 나이라며 비웃었다. 그러나 그는 아랑곳하지 않고 지방도로가에 주유소를 겸한 조그만 식당을 열었다. 순항하는 듯하던 가게는 지방도로 바로 옆으로 고속도로가 뚫리면서 망하고 말았다. 위기의 순간, 부인과 함께 매달 사회보장연금 125달러로 살아가면서도 그는 사업에 대한 열정을 잃지 않았다. 그는 식당을 하면서 익힌 특별한 닭 요리법을 다른 식당에 전수해 주고 로열티를 받는 프랜차이즈 사업을 시작했다. 낡은 벤 승용차를 구입하여 차에서 숙식을 해결하면서 미국 전역의 식당을 돌았다. 닭 1마리당 전수비 5센트(57원)의 로열티를 요구하며 프랜차이즈 영업을 했다. 그는 1,008군데 식당에서 거절당하는 실패를 맛보았다. 하지만 포기하지 않았고 마침내 1,009번째로 찾아간 유타 주의 한 식당에서 드디어 첫 가맹점 계약을 맺었다. 포기를 모르고 끝까지 도전한 그의

이름은 코넬 센더스, 바로 KFC의 창업자
이다. 그는 66세의 나이에 사업을 시작
하여 미국의 식생활 문화를 바꾸며
전 세계적으로 전파했고 이를 발
전시켜 결국 패스트푸드 업계
의 선구자, 대사업가로 성공
하였다.

　　1,008번의 실패에도 포기하
지 않았다는 것은 경이적이
다. 그것을 극복하는 정신은
절대긍정이다. 어떠한 상황에
서도 절대긍정의식으로 두려
움을 극복했다. 그가 되풀이했던 1,008번의 실패를 극복하는 힘,
그것은 어떤 용기보다 강한 것이었고 어떤 부정도 극복할 수 있는
1,008퍼센트의 절대긍정의식이었다.

돈의 흐름을 주도하는 변화를 경영하라

변화 경영은 부자 경영학의 고급 3단계이다. 21세기는 변화의 시대이다. 변화를 경영할 수 없는 사람은 자연히 노태될 수밖에 없다. 과거 수세기 동안은 변화의 물결이 비교적 잔잔했지만 지금은 엄청나게 빠른 물결로 인간과 물질, 정신을 이전과는 전혀 다르게 바꾸어 놓는다. 정보와 기술의 변화 속도가 워낙 빨라서 지식의 반감도 급속히 진행되고 있다. 그렇기 때문에 적극적으로 변화 경영을 하지 않으면 침체와 퇴보의 길에 빠져들 수밖에 없다. 앞으로는 적극적으로 변화 경영을 해야 살아남을 수 있으며 성장하고 발전할 수 있다.

변화없이 낙관적 미래는 없다

세상 모든 것은 어떤 형태로든 변화를 거듭한다. 고정불멸하는 것은 없기 때문에 변화에 대한 적응은 선택이 아니라 필수 사항이다. 더욱이 아날로그시대에서 디지털시대로 변화하며 겪는 속도감은 상상을 초월할 정도로 빠르다. 이런 시대에 사는 사람은 변화를 정확한 숫자감각을 바탕으로 적극적인 자세로 수용해야 한다.

부자 경영학에서 변화 경영을 중시하는 이유는 변화가 인간의 삶을 언제든지 위협할 수 있기 때문이다. 한때 잘나가던 업종이 어느 날 사라지는 것을 보라. 1970년대의 리어카와 자전거, 1980년대의 휴대용 카세트, 전자계산기, 1990년대에 짧은 기간 동안 시장을 형성했던 삐삐, 비디오테이프 등이 지금은 어떻게 되었는가? 2000년대의 MP3, 노트북, 휴대폰 등이 또 어떻게 변화할 것인지 예측할 수가 없다. 이처럼 우리는 변화가 문화의 흐름을 이끌어가고 돈의 흐름을 주도하고 있는 시대를 살아가고 있다.

놀라운 자기혁신과 변화를 통해 성공한 인텔의 회장 앤디 그로브를 보면 변화 경영이 얼마나 중요한지를 알 수 있다. 헝가리 난민으로 망명하여 무일푼으로 시작해 큰 성공을 이끈 그의 힘은 새로운 환경에 스스로 적응하고 변화한 것이다. 그는 "변화라는 혹독한 시련을 극복하고 살아남지 않는 이상 낙관적인 미래를 얻을 수 없다. 살아남기 위한 비결은 보다 많은 부가가치를 어떻게 창출할 것인지 배우는 데 달려 있다"고 말했다. 앤디 그로브는 앞으로도 계속 변화할 것이다. 그 변화를 통해서만 돈의 흐름을 제대로 잡을 수 있고, 자기

발전을 이룰 수 있다.

변화가 중요한 가장 큰 이유는 삶 자체가 변화와 밀접한 연관이 있기 때문이다. 따라서 삶의 안전성과 질을 높이기 위해서는 적극적으로 변화 경영을 해야 한다. 구체적인 변화 경영은 개인의 능력 개발을 비롯하여 다양한 미래전략을 준비하는 일이다. 매 순간의 변화에 적응하는 것도 중요하지만 멀리 내다보는 대국적 시각으로 미래 전략을 세우는 것이 바람직하다.

변화를 위한 핵심 조건

변화는 구체적으로 교육과 훈련, 연구와 개발로 요약할 수 있다.

모든 사람이 자의든 타의든 변화를 하고 변화 경영을 하고 있지만 숫자감각을 통해 보다 체계적으로 관리해야 한다. 최선을 다하는 마음가짐으로 체계적이고 구체적인 변화의 단계를 정하고, 시간을 중심으로 실제적인 성과까지 관리하는 습관을 길러야 한다. 변화에 대한 가장 기본적인 조건은 다음과 같다.

1. 자기교육

중국의 사상가 순자는 "한 사람의 현재 모습은 교육이 만들어낸 것이다. 바른 모습도 잘못된 모습도 모두 교육의 결과이다"라고 말했다. 교육은 한 사람을 변화, 발전, 성장시키는 핵심적 요체이다. 그렇기 때문에 자기교육은 한 사람의 성장과 직접적인 관계가 있다.

자기교육은 곧바로 경영과 통한다. 지식은 부를 창출하는 경영의 핵심 조건이다. 자기교육을 철저히 하려면 전공서적은 물론이고 문학, 역사, 철학 등 다양한 분야의 책을 많이 읽어야 한다. 문학, 역사, 철학은 폭넓은 관점을 지니게 해주며, 신지식을 익힐 수 있는 기본기를 갖추게 해준다. 그 바탕 위에서 전공서적을 읽으면 자신의 전문 분야를 더욱 확고하게 다질 수 있다.

또한 매일 자신이 교육하고 있는 상태를 기록해야 한다. 책을 읽거나 영화를 보거나 세미나, 포럼 등의 다양한 교육 프로그램에 자신이 참여한 것을 매일, 매달, 매년 숫자감각으로 기록하며 측정하고 평가하여 자신의 성장을 느끼고 확인해야 한다.

2. 자기훈련

자수성가한 부자들은 맹렬하게 자기훈련을 한다. 그들은 대개 기업 연수, 세미나 등에 적극적으로 참여한다. 최소한 월 2회 정도 참여하거나 직접 훈련을 통해 스스로 좋아하는 분야에 파고든다.

숫자감각의 훈련으로 볼 때, 세미나 혹은 포럼에 참석하면 전문가가 평생을 연구하거나 최소 2~3년의 연구가 필요한 지식과 정보를 불과 2~3일 만에 학습할 수 있다. 전문가들은 검증된 방법을 제시하고 살아 있는 경험을 바탕으로 상세하게 지식을 전달해 준다. 또한 이런 기회는 인맥 인프라를 만드는 데에도 매우 도움이 되기 때문에 일석이조의 효과를 얻을 수 있다.

자기훈련의 방법과 결과를 매일, 매달, 매년 정확하게 기록하여 측정하고 평가하라. 모든 훈련은 측정과 평가를 통해서만 성과를 높일 수 있으며 실전에서 성취를 이룰 수 있다.

3. 자기연구개발

부자는 적극적인 연구개발을 게을리 하지 않는다. 매일 창의적인 사고를 하고 아낌없이 자기연구와 개발을 위해 투자한다.

자력으로 세계 2위의 부자가 된 워렌 버핏은 "나는 보통 사람보다 평균 5배 정도 더 읽는다"라고 말했다. 유명한 독서광인 그는 16세에 이미 사업 관련 서적을 수백 권 독파했으며 그만큼 자기계발에 있어서 탁월한 감각을 가지고 있다. 워렌 버핏의 하루 일과를 보면 그의 독서 편력과 연구개발의 노력을 알 수 있다.

"나는 아침에 일어나 사무실에 나가면 자리에 앉아 책을 읽기 시작한다. 읽은 다음에는 8시간 통화하고, 읽을거리를 가지고 집으로 돌아와 저녁에는 다시 또 읽는다."

정보 싸움이 곧 투자의 성공인 주식시장에서 워렌 버핏이 미다스의 손으로 불릴 수 있었던 것은 바로 이같이 지독한 독서 습관을 지니고 있었고 자기연구와 개발을 열성적으로 했기 때문이다. 그는 자기연구와 개발을 통해 특유의 숫자감각을 익혔고 그로 인해 최고의 투자자로서 우뚝 설 수 있었다.

자기연구와 개발은 진정으로 자신이 좋아하는 분야를 발견하여 최선을 다해 숫자감각으로 자기경영을 완성하는 것이다.

4. 자기관리

자기관리는 숫자감각을 통해 삶을 통제하는 능력이다. 삶을 통제한다는 것은 궁극적으로 자신이 원하는 사람이 되는 것이다. 자신 안에 잘못 입력되어 있는 나쁜 습관을 찾아내고 좋은 습관을 심으며 강점을 살려 성공으로 가는 길을 찾는 것이다.

세계를 정복한 칭기스칸은 자기관리의 달인이었다. 그는 "나는 내 이름도 쓸 줄 몰랐으나 남의 말에 귀 기울이면서 현명해지는 법을 배웠다. 적은 밖에 있는 것이 아니라 내 안에 있었다. 나는 내게 거추장스러운 것은 모조리 쓸어버렸다. 나를 극복하는 순간 나는 칭기스칸이 되었다"고 말했다.

가장 효과적인 자기관리 방법은 적는 자만이 살아남는다는 원칙을 가지고 숫자감각으로 매일 기록하고 자기에게서 불필요한 것을 제거해 가는 것이다. 자기관리는 측정과 평가를 통해서만 성과를 높일 수 있다.

자기혁신을 이루는 실천 지침, 자기각서

변화 경영에 있어 가장 중요한 것은 자기혁신이다. 극심한 외부의 상황 변화를 통해 자신이 조금씩 변화해 간다면 이미 늦다. 현대의 빠른 변화에 걸맞은 속도감을 유지하고 철저하게 변화 시스템을 갖추어야 한다. 가장 기본적인 변화 경영은 자기 내부에서 비롯되어야 한다. 자신과의 약속을 정하고 상한 의지와 열정을 갖추어 적극적으로 변화 경영을 해야 한다.

하지만 생각만으로 변화를 위한 행동을 관리하기는 어렵다. 생각을 체계화한 약속이 반드시 필요하다. 자기 자신과의 약속이 변화 경영의 출발점이다. 변화 경영을 위해 하얀 종이에 자기각서를 써서 약속해 보라. 그렇게 하면 변화를 위한 혁신은 강화될 것이다. 약속은 기본적으로 결심으로 나타나며 약속이 행동으로 옮겨질 때 혁신이 일어난다.

자기각서 작성법

1. 자신이 가장 중요하게 생각하는 숫자가 들어간 가치 목록을 작성하라.
2. 내가 살고 싶은 모습을 숫자가 포함된 한두 문장으로 정리하라.
3. 5년 후를 내다보며 내가 이루고 싶은 목표를 숫자를 포함하여 5가지만 적어라.
4. 10년 후를 내다보며 내가 이루고 싶은 목표를 숫자가 포함된 한 문장으로 적어라.

이렇게 작성한 자기각서는 늘 보이는 곳에 둬야 한다. 자신만의 공간에 붙여두어도 좋고 지갑 속에 넣어두고 매일 읽어보는 것도 좋다. 매일 읽으며 자신과의 약속을 실천에 옮기는 것이다. 그것을 읽다 보면 머릿속에서 슈퍼의식이 발동되어 기적 같은 성취를 이룰 수 있다.

컨트롤 경영과 돈의 순환

컨트롤 경영은 부자 경영학의 완성 4단계이다. 컨트롤은 숫자감각의 결정력이며 숫자와 감각은 가만히 내버려두면 무한히 자유롭다. 시계를 보지 않고 하루를 보내면 어떻게 시간이 가는지 알 수가 없고, 지갑 속의 돈을 가늠하지 않고 무작정 쓰면 얼마나 소비했는지 알 수 없다. 숫자로 표시되는 세계는 기억하고 컨트롤하지 않으면 전혀 예측하지 못한 일들이 일어나기도 한다.

사업을 하기 전에는 나 역시 그냥 내버려둔 숫자의 횡포가 얼마나 심한지 느끼지 못했다. 사업을 시작하고 매달 지출되는 고정비를 파악하면서 놀라지 않을 수 없었다. 시간은 한 달이 너무나 짧게 느껴질 정도로 순식간에 흘러갔고 4대 보험료와 임대료, 임금 등의 지출이 예상치보다 훨씬 웃돌았다. 그에 비해 수익은 예상했던 것보다 훨씬

적었다. 무한하게 펼쳐지는 숫자의 분열을 머릿속으로 알아내기엔 불가능하다는 판단을 했다.

숫자를 컨트롤하기 위해 가장 먼저 한 일은 플래너에 매일의 목표와 미팅, 지출 등의 항목을 정확한 숫자로 기록한 것이다. 플래너를 기록한 이후로 지출이 줄어들고 매출이 늘어났다. 다시 한 번 깜짝 놀랄 일이었다. 그토록 마음대로 놀던 숫자들이 얌전해지고 통제되는 것을 느낄 수 있었기 때문이다. 숫자를 컨트롤하자 잠자고 있던 감각도 같이 살아나면서 아이디어가 속출했고 두뇌 회전이 빨라졌다. 플래너의 사용으로 일상에 질서를 부여하면서 변화가 일어난 것이다. 그것은 혁명과도 같았다. 모든 시간과 자금, 인간관계에 질서가 생기면서 목표가 분명해지고 성과가 높아져 삶의 질이 향상되었다. 그 경험을 통해서 컨트롤이 경영에 어떤 영향을 미치는지 명확하게 확인할 수 있었다.

자동차를 운전할 때 제대로 컨트롤을 해야 하듯이 컨트롤은 경영에 있어 대단히 중요한 의미를 지닌다. 아무리 뛰어난 아이템이 있고 자금이 많다고 해도 컨트롤 경영이 되지 않는 한 사상누각처럼 무너질 수 있다.

대개 부자들은 모두 컨트롤 능력이 대단하였다. 그들은 자기 나름의 컨트롤 원칙(숫자감각)을 가지고 있었고 모두가 기록의 달인이었다. 동시에 자신의 영역 안에서 일어나는 모든 일들에 대해 적극적으로 대처할 줄 알았다. 컨트롤은 단순히 통제한다는 의미가 아니라 목표를 세우고 판단을 하며 의지와 열정을 지니고 활동하는 것을 뜻한다. 또한 자금과 인맥 관리도 철저하게 한다는 의미를 가지고 있다.

컨트롤이 필요한 분야는 다양하겠지만 기본적으로 가장 소중하게 여겨야 할 가치는 시간과 돈, 자기관리이다. 자신의 현재 상태를 정확히 분석하고 미래의 좌표를 예측할 수 있는 데이터를 기록하고 컨트롤해야 한다.

돈 버는 자랑 말고 돈 모으는 자랑을 하라

돈은 빠르게 순환하는 속성이 있다. 돌고 돈다고 해서 돈이라고 말하는 사람도 있고 주머니에 돈이 있으면 소비를 해서 돌려야 더 많은 돈이 들어온다고 믿는 사람도 있다. 실제 돈은 순환을 통해서 경제의 흐름이 끊어지지 않게 이어가는 혈액과도 같다. 혈액이 잘 순환되어야 활기를 띨 수 있듯이 돈 역시 순환이 잘되어야 한다. 하지만 무작정 돈을 순환시키면 수중에 남는 돈이 있을까? 돈의 순환을 숫자감각으로 컨트롤하지 못하면 어떻게 될까?

강남의 내과병원 전문의인 H씨는 매달 수입이 매우 높은 편이다. 그는 1억 원 이상의 연수입을 유지하는데 이상하게도 여기저기서 빚 독촉을 받았다. 살펴보니 매월 안정적으로 일정한 수입이 있으니

30대에는 신나게 소비를 했고 40대에는 돈을 벌기 위해 무리한 투자를 한 것이 원인이었다. 지금이라도 지출을 줄이고 빚을 갚으며 저축을 하는 것이 나을 텐데 그는 힘들더라도 투자를 해서 대박을 터뜨려야 한다고 생각하며 어려움을 자초하고 있었다.

실제로 컨트롤 경영을 잘하지 못해 늘 돈에 쫓기는 사람이 많다. 옛말에 "돈 버는 자랑하지 말고 모으는 자랑을 하라"는 말이 있다. 이것은 단순히 저축을 독려하는 것이 아니고 돈의 순환에 있어 컨트롤의 중요성을 강조하는 것이다.

자기관리가 돈의 순환을 컨트롤하는 핵심이다

일본 에도 막부 말엽의 혁명가 요시다 쇼인은 "높은 의지가 있다면 운도 따라오는 법이다"라고 말했다. 강한 의지가 있다면 어떤 고난도 극복하고 자신을 경영할 수 있다는 뜻이다.

높은 의지에는 컨트롤이 담겨 있다. 목표와 열정, 숫자감각을 포함하여 컨트롤할 수 있는 힘이 바로 의지이다. 그런 점에서 볼 때 돈의 순환을 컨트롤하는 것 역시 의지라고 볼 수 있다. 돈의 순환에 있어 기본적으로 10억 원 이상은 공재(公財)라고 한다. 그 이유는 한 개인의 순수 노동력만으로는 그 정도의 부가가치를 창출하기 힘들기 때문이다. 그래서 공재에 해당하는 수십, 수백, 수천억 원을 축재할 수 있는 사람은 그만큼 컨트롤 능력이 뛰어난 것이다. 돈의 순환을 컨트롤하는 훈련을 통해서 능력을 배양한 사람만이 돈을 지배할 수 있다.

1. 시간과 돈, 인맥, 물질의 흐름을 기록하고 분석해야 한다.
2. 돈의 순환을 꿰뚫고 지배할 수 있도록 훈련해야 한다.
3. 매순간 컨트롤에 대한 의식을 지니고 있어야 한다.
4. 자신만의 숫자감각을 적극 활용해야 한다.

돈을 순환시키기 위해서는 목표를 알맞게 잡아야 하고 정확한 판단을 해야 하며 활동량을 늘여야 한다. 종합적인 자기관리가 되었을 때 돈의 순환을 컨트롤할 수 있다.

예를 들어 지출을 아무리 줄여도 매출이 늘어나지 않으면 돈은 순환이 안 될 것이다. 지출과 매출이 늘어나도 올바른 판단으로 투자가 적절히 이루어지지 않으면 지속적인 순환이 이루어지기 힘들다.

돈의 순환을 단순히 돈에 국한된 문제로만 봐서는 안 된다. 인간의 전체 활동이 돈의 순환과 연결되어 있다. 따라서 돈의 순환을 위해 반드시 컨트롤 경영을 실행해야 한다. 단순한 돈의 문제가 아니라 전체 활동을 위한 목표, 전략, 의지, 열정, 활동, 자금, 인맥의 7가지 의식을 중심으로 활발하게 전개해야 한다.

경제적 수치를 넘어선 승부

– 매스미디어의 황제, 루퍼트 머독

루퍼트 머독에 관한 평가는 매우 극단적이다. 19세기 악덕 자본가에 비유한 비열한 인간이라는 비난과 미디어 황제라는 평가에 걸맞게 뛰어난 인재라는 찬사가 함께 따라다닌다.

그가 소유한 자산은 현재 300억 달러 이상이다. 그는 뉴욕포스트, LA다저스, 폭스방송, 하퍼콜린스, 런던타임스, 미라벨라, 20세기 폭스, 델파이 인터넷 서비스를 포함한 780여 개의 사업체를 경영하는 세계적인 미디어 기업의 최고경영자이다.

그는 오스트레일리아 태생으로 1952년 아버지로부터 〈애들레이드 뉴스〉와 〈선데이 메일〉을 물려받아 언론계에 진출했다. 그리고 1960년경부터 시드니의 〈데일리 미러〉를 인수하여 방송 시장에의 진출을 시도했으며 매우 공격적인 거래를 시작했다. 1964년에 〈오스트레일리언〉지를 발행하며 몇 년간 재정적인 적자를 감수해야 했으나, 그는 오히려 그것을 계기로 정치계에 확고한 입지를 확보했다.

그는 천부적으로 경제적 수치에 관한 직관이 발달했다. 적은 자본으로 거대자본 시장을 순식간에 공략하기도 하고 최악의 적자를 순식간에 흑자로 전환시키기도 하는 등 동물적인 숫자감각을 자랑했다.

그는 1960년대 후반부터 해외로 눈을 돌려 1969년에 영국의 주간지 〈세계의 뉴스〉를 인수했다. 첫 번째 국제거래였다. 〈세계의 뉴스〉는 머독이 언론 사업에 뛰어들기 전부터 이름을 날렸던 대중지였기 때문에 계약의 성사는 거의 불가능해 보였다. 그럼에도 그는 1969년 1월 2일 계약을 성사시켰다. 〈세계의 뉴스〉를 인수하려고 했던 맥스웰은 이 계약에 대해 "머독이 조그만 낚시로 월척을 낚았다"고 평했는데, 당시 머독은 맥스웰에게 견줄 만한 상대가 아니었다.

계약을 성사시킨 머독의 힘은 여러 가지 전략에서 비롯된 것이다. 특히 직관적으로 꿰뚫어보는 재무감각과 승부근성이 중요하게 작용했다. 사실 숫자감각이 뛰어난 사람은 돈의 수치에 연연하지 않는다. 그들은 경제적 수치를 자유롭게 넘나들며 조절할 수 있는 통제력을 가지고 있다.

머독의 미디어 제국 신화와 거대한 숫자의 거래

머독이 미디어 제국을 건설한 수십 차례의 거래는 가히 신화적이다. 그는 뉴스 코포레이션(News Corporation Ltd.)의 천문학적인 빚으로 인해 파산 직전까지 갔지만 이를 극복해 냈다.

그 후에도 머독의 거래는 나날이 계속되었는데 1998년 단 6개월 동안 그가 성사시킨 거래의 규모는 실로 어마어마하다. 1998년 3월에는 LA다저스를 3억 달러에 인수하였고 4월에는 영화 〈스타워즈〉시리즈의 배포권을 획득하였으며 6월에는 1,300만 독자를 확보한 〈TV가이드〉를 20억 달러에 매각했다. 그리고 1998년 7월에는 뉴스 코포레이션의 65억 달러 부채 해결을 위해 폭스 그룹의 지분 20퍼센트를 매각 추진했다.

그런데 뉴스 코포레이션에 그가 소유한 지분은 30퍼센트밖에 되지 않는다. 그런 거대 조직을 그 정도의 지분으로 완벽하게 지배했던 전례는 없다. 개인이 그 정도의 방대한 조직을 경영하기 위해서는 천부적인 숫자감각이 바탕이 되어야만 한다. 그의 거대한 미디어 제국을 빗대어 〈워싱턴 포스트〉는 그를 "지구촌의 정보통신부 장관"이라고 명명했다.

루퍼트 머독은 총명함과 비즈니스 감각, 미디어 사업에 대한 탁월한 비전 등의 능력을 지녔지만 그 무엇보다도 숫자감각이 뛰어났다.

숫자감각과 한국식 부자 경영학

HOW TO
GET RICH

적극적 사고방식과
한국식 부자 경영학

이미 오래 전 미국식 부자 경영학에 대한 책이 우리
나라 서점가를 강타했다. 몇 백만 부가 팔렸다는 《부자아빠, 가난한
아빠》를 비롯해서 수많은 책들이 시중에 나와 있다. 하지만 그 책을
읽고 부자가 되었다는 사람을 찾기는 힘들다. 이는 그 책들의 내용이
잘못되었기 때문이 아니라 국가, 문화의 차이 때문이다.

미국식 부자 경영학을 보면 한결같은 점이 있다. 부자가 될 수 있다
는 신념을 가지고 상상을 하고 습관을 바꾸면 된다는 마인드 컨트롤
이 책의 주된 내용이라는 것이다. 어느 책을 뒤져봐도 그 책의 전편
에 흐르는 내용은 마인드 컨트롤이다. 실세 미국 사람들은 마인드 컨
트롤을 통해 많은 변화를 하고 상당수는 부자가 되었다. 그런데 그것
은 한국인에게 적합한 마인드 컨트롤과는 다르다. 이는 미국식 언어

와 사고의 관계 때문이다. 미국은 상대적으로 마인드 컨트롤이 용이한 언어와 사고를 지니고 있다. 미국식 언어는 주격을 중심으로 가장 가까운 사물을 먼저 표현하고 나중에 먼 사물을 표현한다. 또한 단수 복수의 구분이 확실하며 가장 많이 사용하는 동사는 소유 중심이다. 'Take, Have, Give, Get, Make' 등의 동사가 그 예인데, 이들 단어는 '가져오다, 가지다, 주다, 얻다, 만들다'라는 소유의 의미를 가지고 있다. 마인드 컨트롤에 좀 더 적합한 사고방식을 가지게 만드는 구조인 것이다.

반면 한국어는 대상이 중심이 되는 존재적 언어구조를 지녔다. 기본적으로 주격이 많이 생략되고 가장 먼 사물부터 표현하고 나중에 가까운 사물을 표현한다. 또한 단수와 복수의 구분이 명확하지 않고 가장 많이 사용하는 동사인 '있다, 없다, 먹는다, 한다, 맞다' 등은 상태나 존재를 나타낸다.

마인드 컨트롤은 자기 중심의 소유적 상념체계를 강화하는 것이다. 하지만 한국어는 소유적 사고가 아니라 존재적 사고가 되어 아무리 상념을 떠올려도 지속성이 떨어진다.

미국식 부자 경영의 마인드 컨트롤이 한국식으로 받아들여지기 어려운 이유는 이처럼 미국식 언어와 사고방식에 맞게 마인드 컨트롤의 방법이 제시되었기 때문이다. 그러므로 한국인의 언어와 사고방식에 맞는 한국식 부자 경영학이 필요하다.

적극적 사고방식의 긍정언어로 무장하라

한국식 부자 경영학은 한국인의 의식과 행동철학에 적합해야 한다. 미국식 부자 경영학이 아무리 좋아도 한국인의 속성에 맞지 않으면 실효를 거둘 수 없다. 한국인의 의식과 행동철학의 바탕에는 존재 중심의 언어와 사고의 틀이 깔려 있기 때문에 좀 더 적극적으로 소유적 언어와 사고를 지니도록 훈련하는 것이 중요하다.

예를 들면 미국식 언어는 부정어가 동사 자체로 작용하는 것보다는 명사 앞이나 동사 뒤에서 수식하는 형태를 띤다. "Not good, don't forget me, I'm not……" 등이 그렇다. 한국어는 어떨까? "아니야, 못해, 안 된다, 못 한다, 나쁘다, 글쎄요, 몰라요" 등을 보면 "안 된다"의 '안'은 의지 부정이며 내적 요인에 의한 단순부정이다. 반면에 "못한다"의 '못'은 능력 부족의 외적 요인에 의한 부정이다. 이들 부정문을 보면 부정어가 동사 앞에 있거나 부정적인 동사가 발달했다. 바꿔 말하면 미국식 언어가 긍정적인 언어와 사고를 하기에 훨씬 적합하다는 뜻이며 소유개념과 긍정이 발달되어 긍정의 힘이나 신념을 강화하기에 좋다는 것이다.

이런 점을 감안할 때 한국식 부자 경영학을 위한 마인드 컨트롤을 하려면 한국어를 소유 중심과 긍정 중심으로 사용해야 한다. 그런데 계속해서 부정과 존재 중심의 언어만 구사하면 어떻게 될까?

대화를 할 때마다 부정어를 사용하는 J씨는 늘 어두운 표정을 지니고 있었다. 그녀는 어떤 말을 하든 "아니요. 아니, 그런 건 아니고, 그건 아니에요. 글쎄요"라고 했고 "그런 것 같아요. 아마 그럴 걸요. 그

렇다던데…" 식의 표현을 했다. 하지만 본인은 그런 사실을 알지 못하고 "글쎄요. 어쩌다 보니 그런 것 같기도 한데요. 아닐 거예요. 오늘 제가 어쩌다 보니 그렇게 말한 것 아닐까요?"라고 말했다.

그녀는 부정어를 전혀 사용하지 않고, 소유 중심의 언어를 사용하는 훈련을 했다. 그러자 놀라운 변화가 일어났다. 표정이 밝아지면서 주변에 사람들이 몰려들었고 그녀는 자신감이 넘치며 밝고 명랑해졌다.

계속 부정적인 언어를 사용하고 존재 중심의 어휘만을 사용하면 자신도 모르는 사이 부정의식이 뿌리 내린다. 확실하고 강한 소유 중심의 표현을 하고 긍정적인 말을 사용하면 긍정의 감정이 얼굴 표정에서도 나타난다. 소유 중심의 언어는 "제가 하겠습니다. 제가 책임지겠습니다" 등이 있다. 어떤 일이든 자신이 전적으로 소유하는 형태, 적극적 사고방식의 언어를 의미한다.

한국식 부자 경영학의 의식과 행동철학은 소유와 긍정 중심으로 변화시켜야 한다. 소유적 언어는 숫자감각과 지식으로 무장하고 긍정적 사고는 부정적인 동사를 사용하지 않고 긍정적으로 생각하고 행동하면 된다.

한국식 부자 마인드를 찾아라

미국의 유능한 마케팅 컨설턴트인 조 비테일 박사
는 "믿음이 세상을 지배한다. 원하는 것을 얻고 돈을 몰려오게 하고
기적을 일으키는 힘은 쉽다. 정신적인 힘을 발휘하면 목표가 저절로
이루어진다"고 강조했다.

하지만 이론을 신뢰하고 자신감을 확실하게 가지고 있는데도 효과
가 크게 나타나지 않는 경우가 있다. 자기계발에 열을 올리지만 그
방법으로 효과를 본 사람 역시 별로 없다. 즉 마인드 컨트롤을 한다
고 해서 누구나 꿈을 이룰 수 있는 것은 아니라는 것이다.

긍정적으로 사고하고 비전과 열정을 정확한 목표에 맞춰 집중하고
실행해야 꿈을 이룰 수 있다. 한국인의 의식에 맞는 방식으로 숫자
마인드 컨트롤을 해야 한다. 즉 숫자감각을 통해 목표를 바르게 설정

하고 측정하며 반성하고 개선시키면서 자신을 통제하는 마인드 컨트롤을 수행하면 발전할 수 있다.

마인드 컨트롤은 주격을 중심으로 가까운 사물을 소유의 의미로 인식하는 방식이 가장 효과적이다. 소유의 의미를 지닌 단어로 숫자감각과 지식을 무장하고 긍정적인 사고로 실행력을 강화시켜야 한다.

한국식 숫자감각을 중심으로 하는 부자 경영학은 소유 중심의 언어를 사용하고, 숫자로 컨트롤하고, 특유의 감각을 살리며, 생각보다는 행동 중심으로 변화하는 것이다. 현실 생활에서 그대로 나타날 수 있는 언어와 행동으로 마인드 컨트롤해야 자연스럽게 부자 마인드로 변화할 수 있다.

한국식 마인드 컨트롤, 숫자감각이 열쇠다

언어는 기본적으로 사유의 구조를 결정한다. 마인드 컨트롤의 창시자 호세 실바는 언어를 통한 무의식의 암시를 통해 인간의 초심리적 영역을 확장했다. 암시적 언어로 무의식의 영역을 활성화했으며 마침내 초심리학의 동기 유발을 통해 현재의식이 실제로 작동하도록 한 것이다.

단순히 언어로 암시를 한다고 해서 무의식이 작용하는 것이 아니라 언어가 무의식에 암시 작용을 하면서 행동과 사유에 결정적인 영향을 미치는 것이다.

한국인의 의식에 맞는 숫자감각의 마인드 컨트롤을 하려면 먼저 숫자의 감각과 지식을 충분히 익혀야 한다. 구체적인 목표의 숫자 없이 무조건 성공한다고 100년을 외쳐도 아무런 의미가 없다. 세미나에 참석한 K부장은 그런 신념을 가지고 있었다. 그는 소방 설비 사무소에서 일하며 나름대로 강한 성공의 의지를 다지고 있었는데 구체적인 목표의 숫자나 시간개념 없이 마인드 컨트롤을 하고 있었다. 구체성을 지니지 않은 성공 구호는 실효성이 없었다.

K부장은 다시 숫자감각으로 마인드 컨트롤을 하고 그에 따른 계획을 명확하게 정의했다. 구체적인 숫자개념이 뇌에 입력되면서 상상력과 현실성이 결합되어 성과가 나타나기 시작했다.

무조건 자신이 바라는 소망을 강력하게 믿고 자기 세뇌를 시키는 것이 아니라 자신의 삶과 언어, 의식이 조화가 되도록 해야 한다. 꿈을 꿀 때 계획과 실행력이 따르면 현실이 되지만 단순한 상상에만 그치면 결국 망상이 되고 만다. 그러므로 한국인의 의식에 맞는 마인드 컨트롤을 하려면 다음과 같은 조건을 반드시 충족시켜야 한다.

1. 기본적으로 주격을 중심으로 한 소유 중심의 언어와 사고로 전환해야 한다. 또한 나 혹은 너라는 주어를 반드시 명시하라. 반드시 소유의 의미가 들어가야 한다. 예를 들면 "나는 2008년까지 인터넷 사업을 통해 10억 원의 수익을 얻을 것이다"처럼 반드시 주격을 명시하고 소유적 사고를 가지고 소유적 언어로 표현해야 한다.

2. 현실과 긴밀하게 접목된 상황을 설정하고 생각을 실제와 가깝게 구체화해야 한다. 비현실적이며 공상에 가까운 생각을 할 때 심리

적 상승은 가능하지만 컨트롤은 이루어지지 않는다. 반드시 현실성을 내포해야 한다. "나는 2007년 6월에 미국의 월 스트리트로 가서 1만 달러를 투자하여 2008년 6월까지 20퍼센트의 이윤을 거둘 것이다"라는 식으로 구체화해야 한다.

3. 시간과 공간개념을 확실히 하고 숫자개념을 중심으로 의식을 움직여야 한다. 시간과 공간개념을 숫자로 환산하고 목표에 대한 숫자개념을 지녀야 한다. "나는 2010년 12월 12일 12시에 압구정동에서 1,000만 원짜리 다이아몬드를 사서 D씨에게 선물할 것이다"라는 식으로 목표를 세울 때는 확실한 시간과 장소를 명시해야 한다.

4. 지속적이고 일정한 숫자감각의 규칙에 따라 실행력을 지녀야 한다. 일기장에 하루도 빠지지 않고 규칙과 계획에 따라 얼마나 실행했는지 기록하는 것이 가장 효과적이다.

세계적인 부자 경영 관련 서적이 마인드 컨트롤에 기반하고 있다는 것은 마인드 컨트롤이 매우 효과적이라는 것을 입증한다. 그러나 마인드 컨트롤의 가장 큰 문제는 몇 번 하다가 제대로 안 되면 포기하게 된다는 점이다. 어떤 경우에도 변화하지 않을 정도의 지속적인 마인드 컨트롤을 하려면 반드시 숫자감각을 살려야 한다. 그렇게 해야 현실로 실현된다.

한국인의 의식에 맞는 마인드 컨트롤을 하기 위하여 숫자감각을 지니고 위의 사항들을 반복적으로 되풀이할 필요가 있다. 시간과 온도, 속도와 거리, 전력과 전기 용량, 지출과 할인율, 신장과 체중, 원금, 이율, 세금, 보험, 수입 등 헤아릴 수 없이 많은 숫자를 생각해 보라. 한국인의 의식 수준에 맞게 숫자감각의 마인드 컨트롤을 적용하면 반드시 효과가 나타날 것이다.

네 안의 숫자감각을 깨워라

대뇌는 좌뇌와 우뇌로 구성되어 있다. 좌뇌는 숫자, 시간의 영역이고 우뇌는 이미지, 공간의 영역이다. 상상력을 비롯한 감성은 우뇌 중심으로 좌뇌의 숫자나 언어, 시간의 영역과는 다른 작용을 한다. 이 양쪽의 뇌는 균형을 이루고 있는 경우가 드물며 대개 어느 한쪽으로 치우쳐 있다.

우뇌가 발달하면 자연적으로 좌뇌가 약화되거나 좌뇌가 발달하면 우뇌가 약해지는 식으로 나타난다. 예를 들어 우뇌가 발달하고 좌뇌가 약하면 숫자나 시간관념이 희박하고, 좌뇌가 발달하고 우뇌가 약하면 상상력이나 공간 인식 능력이 떨어진다. 좌뇌형 인간은 이성적으로 과학자에게서 많이 찾아볼 수 있고 우뇌형의 인간은 감성적이고 상상력과 표현력이 발달되어 예술가에게서 많이 찾아볼 수 있다.

선천적으로 좌뇌가 발달하여 수학과 물리를 잘하는 사람이 있는가 하면 우뇌가 발달하여 언어와 예술이 발달된 경우가 있다. 그래서 고등학교에 진학하여 문·이과를 나눌 때 좌뇌와 우뇌의 발달 정도로 자신의 진로를 선택하기도 한다.

그러나 좌뇌와 우뇌는 칼로 무를 자르듯 선명하게 구분되는 개념이 아니다. 어떤 측면에서 좌뇌는 우뇌를 통해 기능하고 우뇌 역시 좌뇌를 통해 작용하기 때문이다.

그런데 부자나 뛰어난 CEO들은 거의 대부분이 좌뇌가 발달했다. 그들은 삶의 기본 숫자인 시간관념이 철저하고 수입과 지출, 공급과 수요, 원가와 이익, 고정비와 경상비 등을 숫자감각으로 생각한다. 그래서 좌뇌가 발달될 수밖에 없는 조건을 가지고 있다. 무엇보다 그들은 중요한 시간이라는 숫자의 현실성을 통해 이익을 창출하고 있다.

실제 현실성은 시간의 흐름 속에서 인간과 사물의 상황을 파악하는 인식이며 숫자를 지닐 때 명확하게 드러난다. 그러므로 부자 경영학에서의 좌뇌 훈련은 매우 중요한 의미를 지닌다. 시간이나 비용, 노력이 숫자로 표시될 때 경영이 이루어지고 측정이나 성과 분석이 가능하기 때문이다.

일상의 모든 일, 숫자로 생각하고 행동하라

숫자감각과 지식은 경영의 핵심이다. 세계 최고의 명문인 하버드 대학의 경영학 석사과정(MBA)이 그 사실을 입증해 준다. 그 과정에서 철저하게 배우고 익히는 것이 있는데 처음부터 끝까지 모든 인간과 사물, 그리고 각각의 관계를 숫자로 생각하고 표현하는 것이다. 문자언어로 표현하는 모호함을 배제하고 구체적인 숫자로 만물을 표시함으로서 명확성을 확보하며, 데이터를 작성하여 사고를 체계화한다. 우리나라 사람들의 정서로 보면 참으로 놀라운 발상이다.

우리나라 사람들은 숫자에 대한 개념이 약해서 일상 언어 속의 숫자감각이 많이 떨어진다. 예를 들면 산행을 하며 얼마만큼 더 가야 되느냐고 물으면 대개의 사람들이 "다 왔습니다. 조금만 더 가면 됩니다"라고 말한다. 한참을 가다가 물어보아도 똑같은 대답을 한다.

"1.2킬로미터 정도 더 가면 목적지에 도착할 수 있습니다. 약간 빠른 걸음으로 가면 약 50분 정도 걸립니다"라고 정확하게 말해 주는 사람이 거의 없다.

택시를 타고 운전기사에게 물어봐도 비슷하다. "강남역에서 여의도까지 가는데 시간이 얼마나 걸립니까?"리고 물으면 내부문 "몰라요. 막히면 얼마나 걸릴지 알 수가 없습니다"라고 답한다.

다시 물어도 귀찮은 듯 똑같은 대답만 되풀이한다. 실험적으로 수없이 물어보았는데 정확한 숫자감각을 지닌 답변을 들은 적이 한 번도 없다.

정확하게 숫자감각을 지니고 답변을 한다면 "차가 막히지 않으면 대략 30분 정도 걸립니다. 거리는 대략 20킬로미터 정도 되는데, 지금이 오후 6시여서 조금 막히는 시간이니 오래 걸리면 1시간 정도 걸리고 좀 덜 막히면 40~50분 정도 걸릴 겁니다"라고 할 수 있다.

이렇게 대답할 수 없는 것은 평상시에 사물이나 현상, 상황에 대해 숫자로 바라보고 생각하는 습관이 형성되어 있지 않은 탓이다.

숫자로 바라보고 생각하는 것은 그리 어렵지 않다. 훈련을 하면 누구나 쉽게 강화할 수 있다. "좋아하는 것이야말로 능숙해지기 위한 필수 조건이다"라는 말처럼 숫자를 좋아하고 관심을 가지며 세상 모든 것을 숫자로 생각하면 훈련이 저절로 된다.

일상의 모든 활동을 숫자로 생각하고 행동하며 기록하고 예측하면 된다. 시간과 성과를 측정하고 기록하며 최소 3년 후의 미래를 숫자로 예측한다. "대략적으로 그럴 것이다"라는 추측이 아니라 구체적인 숫자로 기록하는 것이다. 허용오차 범위를 ＋, －로 표시하고 0.01퍼센트의 소수점 이하까지 계산하고 확인하는 습관을 지닌다. 소수점까지 사랑하는 의식적 노력을 하면 부자본능인 숫자감각이 자연스럽게 발달하고 부자 경영학의 진수를 터득하게 될 것이다.

숫자를 컨트롤하여
감각 트렌드를 경영하라

숫자언어는 그 자체가 삶의 중요한 좌표이다. 어디를 가더라도 숫자를 통하지 않고는 좌표를 제대로 알 수 없으며 미래의 방향이나 위치를 가늠할 수가 없다. 실제 주변에서 숫자개념이 없어 실패한 사람들을 수없이 많이 본다. 숫자를 놓치면 평범한 삶을 살거나 최악의 경우 실패의 나락으로 한 발짝씩 나아가는 것과 다름없기 때문이다.

한때 유통업으로 성공을 거둔 사업가 K씨에게 숫자감각에 대해 물어보자 무릎을 치며 말했다.

"숫자를 컨트롤하여 감각적으로 트렌드를 알아내고 마케팅하는 것이 사업입니다. 대개 생각으로는 잘 알고 있지만 활용하기 어려운 것이 숫자이고 감각적인 트렌드 분석인데, 그것은 확실하게 부자 경영학의 핵심이 맞습니다. 그것만 제대로 알면 누구나 부자가 될 수 있을 겁니다."

그는 자신의 숫자경험을 털어놓았다.

"한 달에 몇 천만 원을 벌어들이던 때까지는 숫자에 민감했습니다. 꼼꼼히 기록하며 관리했죠. 그런데 수억 원이 오갈 때부터는 기록하기 귀찮아서 대략 전자수첩에 흐름만 남겼더니, 어느 순간 돈이 어떻게 사라지는지 모르게 흩어져버리더군요."

그가 사업의 침체를 겪은 원인은 숫자감각 이외에도 여러 가지가 있었을 것이다. 하지만 숫자의 흐름을 놓치고나서부터 힘들었다는 말이 이해되었다.

"제가 사업의 침체를 겪으면서 제일 먼저 와신상담 공부한 것이 회계와 인터넷의 회계 프로그램에 대한 겁니다. 먼저 회계상의 고정비를 줄이고 쓸데없는 지출을 줄이면서 회계에서 큰 발견을 했습니다. 침체의 주 원인은 제가 미처 짚어내지 못한 지출의 빈틈이었습니다. 그 빈틈을 메우고 내실을 충실하게 하자 사업이 다시 활기를 띠기 시작했습니다."

그는 감각에 대해서도 강조했다.

"숫자를 컨트롤할 수 있게 되면 감각이 발달됩니다. 요즘 트렌드는 하나의 경향이기 이전에 다수의 키워드, 즉 관심사가 높은 쪽으로 움직이는 숫자의 흐름입니다. 그러니 숫자를 알고 감각적으로 트렌드를 분석하여 그에 적합한 전략을 구사해야 비즈니스 전쟁에서 승리를 거둘 수 있습니다."

돈은 인간이 지배하기 힘들 정도로 단위가 높아질 수 있는 숫자이고 사업이 성공적일수록 단위의 수는 천문학적으로 높아진다. 그럴 때 경리사원과 세무사가 아무리 관리를 해준다고 해도 당사자가 숫자개념이 없으면 그만큼 위험성은 더 높아진다. 또한 아무리 숫자를 잘 컨트롤한다고 해도 감각적으로 트렌드를 읽고 적절한 전략과 실행을 하지 않으면 소용이 없다.

숫자의 반란은 매우 무서운 결과를 초래한다. 숫자를 놓치면 감각도 떨어져 숫자들이 온통 뒤죽박죽 섞이게 되고 결국 트렌드를 찾지 못하여 혼란을 겪게 된다. 숫자와 감각을 절묘하게 조화시킬 수 있을 때 부의 참모습을 발견하여 자신의 것으로 만들 수 있다.

숫자 관리는 부자되기의 첫걸음이다

부자는 100원의 소중함을 안다. 작은 돈을 모아서 목돈이 되는 원리를 잘 알고 사소한 숫자에도 큰 의미를 부여한다. 방송국의 K국장과 만나서 숫자 관리에 대해 말할 때였다.

"저는 솔직히 숫자에 약합니다. 그렇지만 아내는 숫자 관리에 관한 한 도가 텄습니다. 작은 돈을 모아서 큰 돈을 만드는 비법을 잘 알고 있는 아내의 숫자 관리는 거의 요술 수준입니다. 제가 이만큼 살게 된 것은 아내 덕분입니다."

그 비결을 물어보자 그는 몇 가지 경험을 들어 설명했다.

"우리 집에는 대학 다니는 아들 3명이 있습니다. 큰아들과 쌍둥이 두 아들, 이렇게 3명인데 아내가 이 녀석들에게 돈 씀씀이에 대해 잔소리하는 것을 들으며 알게 된 것이 있습니다. 대학생 아들이 일과 후에 급하게 돈 쓸 일이 있어 현금자동입출금기에서 1만 원을 빼서 쓴 것을 가지고 아내가 이틀이나 잔소리를 하더군요. 돈 1만 원을 인출하면서 수수료를 10퍼센트나 지급하는 멍청이가 어디 있냐는 거였죠. 보통 사람들 같으면 무심히 넘어갈 일이지만 아내에게는 그렇지 않았습니다. 현금 1만 원을 인출하는 데 든 1,000원의 수수료는 원금의 10퍼센트라는 사고를 가지고 숫자 관리를 해야 한다고 교육한 것입니다. 낮에 미리 은행에서 인출하거나 집에서 가져가면 10퍼센트의 수수료를 물지 않아도 되는 것 아니냐는 거죠."

아이템이 풍부하고 대인관계가 활발한 K국장은 젊은 시절에는 여러 사업과 대인관계로 많은 어려움을 겪었다. 그때마다 도움을 준 사람은 바로 그의 아내였다. 가사에만 전념하는 그의 아내가 경제적으로 어려울 때마다 저축한 목돈을 보태주어서 위기를 넘기곤 했다. 자신이 생활비로 준 돈은 그리 많지 않은데 어떻게 저축을 하고 목돈을 만드는지 곰곰이 생각해 봤다고 한다.

"그 비결은 의외로 간단한 생활의 지혜에 있었습니다. 재래시장에 가서 값싸고 질 좋은 물건을 사오고 옷은 꼭 세일할 때만 사는 등 철저하게 절약하며 숫자 관리를 한 겁니다. 생활비를 지혜롭게 절감하는 것은 물론이고 필요한 금융지식도 지니고 있었어요. 재테크도 잘하고, 무엇보다 철저하게 숫자 관리를 하기 위해 기록하더군요."

K국장은 아내가 착실하게 내조를 해준 덕에 50억 원대의 자산을 형성하고 경제적으로 매우 안정된 생활을 하고 있다. 노후 설계를 위해 아내가 거금을 들여 투자해 둔 신림동의 독서실이 잘되면서 모든

면에서 윤택한 생활을 하고 있다.

그와 대화를 하면서 "티끌 모아 태산" 이라는 말을 실감했다. 작은 돈을 소중히 하여 큰 돈을 모으면 부자가 될 수 있다. 그렇게 하지 않고 사치와 낭비를 하며 거드름을 피우면 숫자들은 거침없이 반란을 일으켜 좌절과 실패를 안겨준다. 숫자는 삶을 풍요롭게도 하고 잘못된 삶의 방식을 무섭게 심판하기도 한다.

그렇기 때문에 큰 숫자를 관리하는 부자나 CEO들은 숫자의 위력을 안다. 숫자를 관리하는 사람이 가끔씩은 숫자의 오차를 경험하듯이 큰 숫자를 관리하는 사람은 그 만큼의 시련을 겪게 되며 숫자 관리 방법을 터득한다. 부자 혹은 CEO를 꿈꾸는 사람에게 숫자 관리는 선택 사항이 아니고 필수 사항이다. 그렇다면 어떻게 숫자를 관리해야 할까?

학창시절 수없이 많은 숫자를 통해 산수와 수학을 공부했지만 기억나는 숫자가 있는가? 있다고 해도 구구단뿐일 것이다. 숫자는 언어와 달리 기억하기가 힘들다. 더군다나 기하급수적으로 숫자가 올라가면 기억은 고사하고 흐름을 읽어내기도 쉽지 않다. 숫자를 잡을 수 있는 방법은 오직 기록하고 또 기록하는 것밖에 없다. 기록하지 않으면 흐름을 추적할 수가 없고 변수를 예측하기도 어렵다.

숫자를 기록하여 숫자의 흐름을 한눈에 볼 수 있도록 자신만의 지표를 만들어야 명쾌하게 관리할 수 있다. 이것은 21세기에도 반드시 적용되는 진화의 원리이다. 숫자 관리를 해야만 생존할 수 있고 나아가 성공할 수 있다. 숫자를 관리하며 숫자감각을 키우고 자신 안에 내재된 부자본능을 깨운다면 당신도 부자가 될 수 있다.

현재의 부자지수

부자가 되고 싶다는 꿈과 현실 사이의 차이는 크다. 아무리 추상적으로 미래의 부자를 꿈꾸어도 현실은 숫자들의 질서를 통해서만 나타난다. 숫자를 벗어나면 절대로 부자가 될 수 없다. 그런 점에서 부자지수는 자신의 인생에서 수확할 수 있는 현재와 미래의 부에 대한 추정을 가능하게 한다. 토머스 J. 스탠리의 베스트셀러 《이웃집 백만장자》에서 소개된 공식인 부자지수를 파악하면 현재의 재테크 상황을 알 수 있다. 또한 수입과 지출, 투자자금을 포함한 순자산액을 중심으로 미래에 부자가 될 수 있는 통계적 확률을 추산할 수 있으며 미래의 전략도 수립할 수 있다.

> 부자지수 = 순자산액(자산 − 부채) ÷ (나이지수 × 연간수입)

부자지수를 파악하기 위한 사전 준비 자료

1) 순자산액은 부동산, 현금, 예금, 주식, 채권 등이다. 확실한 현재 자산만을 계산해야 하며 부동산이나 주식은 현재 시세를 중심으로 평가한다. 과거 혹은 미래의 불확실한 자산에 대한 추정은 피해야 한다. 예를 들어 상속받을 재산이나 과거에 고가였던 부동산, 주식에 대한 부분은 냉철하게 계산에서 제외해야 한다. 부채 역시 마찬가지로 냉철하게 갚아나간 부분은 제외하고 남은 부분을 계산해야 한다.

2) 연간수입은 월급을 비롯한 보너스, 휴가비, 수당을 포함하고 부업으로 인한 수입도 합산해야 한다. 맞벌이 부부의 경우엔 부부의 소득을 합산해서 연간수입을 정해야 한다.

3) 나이지수는 만 나이를 기준으로 하여 10으로 나눈다. 예를 들어 만 42세인 경우에 4.2가 되며 맞벌이 부부인 남편이 만 42세이고 부인이 만 40세일 경우 4.1이다.

4) 순자산액을 나이지수와 연간수입을 곱한 값으로 나누면 부자지수를 얻을 수 있다.

부자지수 판단하는 법

부자지수는 100퍼센트를 기준으로 하며 이보다 높으면 재테크를 제대로 하고 있는 것이고 이 기준보다 낮으면 많은 노력이 필요하다. 만약 200퍼센트가 넘게 나타나면 이미 부자의 대열에 들어선 것이고 50퍼센트 이하라면 전반적으로 자기 스스로 변화해야 한다.

부자지수는 본격적으로 재테크에 돌입하는 30대 중반부터 정확하게 적용되며 20대나 30대 초반의 사회 초년생의 경우에는 참고 사항으로만 적용하는 것이 좋다.

네 안의 부자본능을 깨워라

1판 1쇄 인쇄 2007년 2월 28일
1판 1쇄 발행 2007년 3월 5일

지은이 백승헌
펴낸이 고영수
펴낸곳 청림출판
등록 제406-2006-00060호
주소 413-756 경기도 파주시 교하읍 문발리 파주출판도시 518번지 6호
전화 031)955-7460   **팩스** 031)955-7450

www.chungrim.com
cr1@chungrim.com

ISBN 978-89-352-0679-7